Eduard Sievers

Untersuchungen über Tatian

Eduard Sievers

Untersuchungen über Tatian

ISBN/EAN: 9783743611221

Hergestellt in Europa, USA, Kanada, Australien, Japan

Cover: Foto ©Thomas Meinert / pixelio.de

Eduard Sievers

Untersuchungen über Tatian

Untersuchungen über Tatian.

Inauguraldissertation

zur

Erlangung der philosophischen Doctorwürde

auf der

Universität Leipzig.

Von

Eduard Sievers

aus Cassel.

Halle,

Buchdruckerei des Waisenhauses.

1870.

Unsere Kenntnis der althochdeutschen Uebersetzung der gewöhnlich unter dem Namen des T a t i a n gehenden Evangelienharmonie gründet sich auf folgende Handschriften:

1. Die Handschrift No. 56 in folio der Stiftsbibliothek in St. Gallen aus der zweiten Hälfte des 9. Jahrhunderts ist für uns die einzige authentische Quelle. Ich bezeichne sie im Folgenden mit *G*. Sie besteht jetzt aus 171 Blättern, früher aus 172, da das ursprünglich zweite Blatt, welches den Schluss des Briefes des Victor von Capua enthielt, ·verloren gegangen ist.[1] Im Uebrigen ist die Handschrift sehr wol erhalten und befindet sich dem Anschein nach noch in ihrem alten Originaleinband, der durch zwei starke, mit weissem Leder überzogene Holztafeln gebildet wird. — S. 1 und 2 enthalten den Anfang des erwähnten Briefes, 3—18 die Uebersichten der Canones in der bekannten Anordnung, 19—24 die Ueberschriften der 181 Capitel unserer Handschrift, in zwei Spalten, 25—342 endlich ebenfalls zweispaltig den Text der Harmonie, links den lateinischen, rechts den deutschen. Auf dem breiten Aussenrande sind die genauen Angaben der Concordanzen verzeichnet, in einem zwischen beiden Spalten gelassenen freien Raume jedesmal noch kurz die Siglen für die concordierenden Evangelien beigesetzt (Mt, Mr, Lc, Io). Die Linien für die Schrift sowie die senkrechten, die Columnen etc. begrenzenden sind mit dem Griffel gezogen. Die Zahl der Zeilen wechselt in den verschiedenen Lagen zwischen 31 und 32. Ihre Länge ist sehr verschieden, häufig füllen sie den gegebenen Raum kaum zur Hälfte aus, anderwärts gehn sie bedeutend über ihn hinaus. Im Allgemeinen brechen die Zeilen wol bei kleinen Sinnesabschnitten ab, aber keineswegs überall.[2] — Das letzte Blatt, welches früher einmal auf dem Einbanddeckel festgeklebt gewesen zu sein scheint, enthält nur den Namen **ONAV** d. h. *Aymo*, von gleichzeitiger Hand. Eine spätere Hand etwa des 13. Jahrhunderts schrieb auf S. 342 unter den lateinischen Text

---

1) Diese Lücke war bereits vorhanden, als die vermutlich von dem Bibliothekar Pius Kolb herstammende Paginierung der Seiten der Hs. vorgenommen wurde, welche übrigens durch zweimaliges Uebersprungen einer Zahl die Anzahl der Blätter scheinbar auf 172 erhöht.

2) Es enden z. B. häufig Zeilen zwischen Artikel und Substantiv u. dgl.

als Federproben die Verse: *Ferrea pgenies diuis* (?) *cap̄ extulit aruis* (Virg. Georg. II, 341) | *qquas illi philomena dapes q̄ dona parauit* (Virg. Ecl. VI, 79), und unter den deutschen: *& ipsi adorantes regresi s̄ in hierusalē* | *cū gaudio* (Luc. 24, 52) *Ornam̄tū abaci nec ñ & paruulus infra* (Juven. Sat. III, 204) | *Nam q̇s plura linit uictura dolia musto* (ib. IX, 58).

Die Handschrift ist von 7 Händen geschrieben, von denen 6 auf den Text kommen. Von diesen schrieb die erste,[1] *α*; S. 25—51 (prol. 1—17, 1 *thero burgi*) und wieder, *α'*, S. 196—216, Z. 15 (119, 1—131, 8 *iuuaren suntun*); die zweite, *β*, S. 52—124, Z. 6 (17, 1 *Andreasés — 82*, 11 *lib in tu*) und, *β'*, S. 221, Z. 1—22 (132, 5—8 *teta hér*); die dritte, *γ‚* S. 124, Z. 7—164 (82, 11 *thér thar — 103*, 5); die vierte, *δ*, S. 165—195 (104, 1—118, 4) und, *δ'*, S. 321—342 (212, 1—244, 4); die fünfte, *ε*, S. 216, Z. 16— 220 (131, 8 *oba ir — 132*, 4); die sechste, *ζ*, S. 221, Z. 22— 320 (132, 8 *mir obar — 211*, 4). Diese letzte Hand hat ausserdem noch die ganze Handschrift durchcorrigiert, was besonders auffällig in *γ* hervortritt, dessen Sprachformen am stärksten von der von *ζ* eingehaltenen Norm abwichen. Ein zweiter Corrector beschränkte sich im Wesentlichen auf Ab- änderungen der Interpunction. Die wenigen von ihm geschrie- benen Buchstaben geben über sein Alter keinen sichern Auf- schluss, doch ist er entschieden bedeutend jünger als die Hand- schrift. — Die Interpunctionszeichen der Hs. sind die gewöhn- lichen (., ;! ‚‚). Von den Accenten gebraucht fast nur *α α' ε* den `ˉ` und zwar mit wenigen Ausnahmen sehr richtig zur Bezeich- nung der Länge; die übrigen kennen (wie auch *α α' ε*) nur den *'*, den sie ohne Unterschied auf kurze und lange Vocale setzen; doch bedienen sich *γ δ ζ ϑ'* desselben überhaupt nur spärlich. Keineswegs werden ausschliesslich die Tonsilben accentuiert. Häufig trifft der *'* das zweite *u* in *uu = w*, ferner Vorsilben, wie *fur-, for-* u. dgl. m.; öfter aber auch steht er ohne erkenn- baren Zweck, z. B. *Andreasés, Petruśés, ehír* u. s. w.

Die Handschrift scheint frühe nach St. Gallen gekommen zu sein, wenn wir nämlich aus der vom zweiten Corrector her- rührenden Form *hara* 87, 5 für *hera*, welche besonders dem notkerischen Dialekte eigen ist (Graff IV, 694) einen Schluss ziehen dürfen.[2] Dass sie sich zu Ende des 13. Jahrhunderts

---

1) Am linken Rande von S. 25 ist oben das Bild eines Mannes, der in der linken Hand ein Buch hält, mit dem Griffel eingeritzt.

2) Dass *G* nicht in St. Gallen geschrieben ist, beweist der Dialekt. Leicht wäre bei der höchst wahrscheinlichen Abstammung des Denkmals aus Fulda die Vermutung aufgestellt, aber nicht bewiesen, dass die Abschri̇ etwa durch Hartmuot nach St. Gallen gekommen sei, der besonders auch für Erweiterung der Bibliothek tätig war. In dem Verzeichnis der von ihr

dort befand und hoch geschätzt wurde, beweist eine auf der innern Seite des vordern Einbanddeckels stehende Notiz aus dem Ende dieses Jahrhunderts: *lib' scī galli.* | *Hvnc lib^m cū diligētia q̄silū diu et vix īuentū resumite scē pat'.* | *Erneste. ī noīe dnī,* die Schmeller wol richtig auf den Decan Ernestus (um 1270) bezieht.[1]

Die wie es scheint erste gedruckte Nachricht von unserer Handschrift verdanken wir Aegidius T s c h u d i, der sie 1538 folgendermassen beschreibt: 'In dem closter S. Gallen ist ein alt bermentin Euangelibuoch vor sechßhundert jaren geschriben, vast in denen zyten als tütsch zuschryben wenig zyts daruor den anfang gehebt, ein syt latin, anndersyt die tütsch dargegen, welchs dennocht dises hoch tütsch sol sin, aber vnder fünff worten merckt einer kum einß, wo nit das latin darneben stüend, daruß einer so latin verstat, die meinung der worten nemmen muoß.'[2] Diese Angabe scheint aber wenig bekannt geworden zu sein. Erst 1765, nachdem längst die Ausgaben der Handschrift des Vulcanius von Palthen und Schilter erschienen waren, machte G e r b e r t im Iter alemannicum p. 96 wieder auf *G* aufmerksam. Fast 30 Jahre später erfolgte die erste Veröffentlichung eines Teils der Harmonie nach *G*, der Capitel 147 — 152, in einem zeilengetreuen, aber vielfach fehlerhaften Abdruck in Jac. H e s s' Bibliothek der heil. Gesch. (Frankfurt u. Leipzig 1792) II, 544 ff. nach einer Abschrift des St. Galler Bibliothekars J. X. Nep. H a u n t i n g e r. Die Parabel vom verlornen Sohn (Cap. 97) gab dann 1819 L. F ü g l i s t a l l e r in S t a l d e r s schweizer. Dialektologie 261 ff. nebst einigen Erläuterungen heraus.[3] Die erste vollständige Ausgabe des Tatian nach *G* lieferte J. A. S c h m e l l e r: Ammonii Alexandrini quae et Tatiani dicitur Harmonia Evangeliorum, Viennae 1841. Diese Ausgabe, basiert auf einer bereits 1824 angefertigten und 1832 von E. Braun collationierten Abschrift Schmellers, ist bis jetzt die einzige geblieben, obwol einerseits der deutsche Text durch eine bedeutende Menge falscher Lesarten, die kritisch

angeschafften Bücher (Ratpert bei Goldast Scr. rerr. Alem. I, p. 10) ist nichts von einem solchen Buch gesagt. Ebensowenig gibt der Büchercatalog des Cod. 728 saec. IX — X (gedruckt in Weidmanns Geschichte der Bibl. von St. Gallen 360 ff.) eine bezügliche Notiz. Dagegen führt ein späterer Catalog vom Jahre 1461 (bei Weidmann S. 403) unsere Hs. als 'plenarium de quatuor unum latinum et theutonicum' an.

1) In der Vorrede zu seiner Ausgabe des T. p. III.

2) Die vralt warhafftig Retia, Basel 1538; s. W. Wackernagel, Deutsches Leseb. III, 385, 38 ff.

3) Die Abhandlung Z a h n s (der sich zum Zwecke einer Ausgabe der Harmonie eine Abschrift von *G* hatte anfertigen lassen) im Sprach- und Sittenanzeiger der Deutschen, Berlin 1817, 4°, p. 198—239, enthält nur wertlose Bemerkungen über das Alter des Tatian u. dgl.

gar nicht zu rechtfertigende stillschweigende Aufnahme von
Varianten aus Schilter und die gänzliche Nichtbeachtung der
zahlreichen Correcturen und Rasuren entstellt ist, andererseits
der Abdruck des lateinischen Textes aus Palthen-Schilter, der,
wie der erste Blick lehrt, von Palthen in möglichst genaue
Uebereinstimmung mit dem deutschen gebracht worden ist, jede
Quellenuntersuchung oder auch nur eine richtige Würdigung
der Uebersetzung unmöglich machte. Eine neue Collation der
Hs., die unter diesen Umständen dringend geboten war, habe
ich im Herbst 1869 vorgenommen. Ich kann nicht umhin,
Herrn Stiftsbibliothekar Näf in St. Gallen für die mir bei dieser
Gelegenheit bewiesene ausserordentliche Zuvorkommenheit, durch
welche er mir die freieste Benutzung der Handschrift ermög-
lichte, hier meinen wärmsten Dank auszusprechen.

2. Eine zweite Handschrift (*B*) besass Bonaventura
Vulcanius. Wie und woher diese in seinen Besitz kam, ist
aus seinen ungenügenden Angaben über dieselbe nicht zu
ersehn. Vulcanius, der selbst mit der Absicht umgieng, die
ganze Harmonie zu edieren, teilte vorläufig in seinem Anhange
zu der von ihm veröffentlichten Abhandlung De litteris et lin-
gua Getarum (Lugd. Bat. 1597. 8°.) S. 55 ff. einige Bruchstücke
mit.[1] Eine Abschrift von *B*, welches jedoch durch das Fehlen
von Cap. 76—152 auf etwas mehr als die Hälfte des Umfan-
ges von *G* zusammengeschmolzen ist, schickte Vulcanius an
Marquard Freher, aus dessen Nachlasse sie 1653 Franz
Junius erhielt. Jetzt befindet sie sich unter dem Nachlass
des Junius in Oxford.[2] Junius, der sich eingehend mit dem
Tatian beschäftigte und ein umfängliches handschriftlich eben-
falls noch in Oxford liegendes 'Auctarium notarum in Tatia-
num' schrieb, sah noch das Original des Vulcanius im Besitze
des Nicolaus Heinsius und trug einzelne Lesarten daraus

1) Es sind 3, 2 die Worte *heil — uuibon*, 4', 3 *gisegenot — uuamba*;
4, 5 *mikhiloso —* 8; 14 *giuuihit —* 18. Hernach druckte J. J. Pontanus
in den Origines Francc. Hardervici 1616, 4°, p. 588 ff. den Prolog und
1, 1—4, 9 wie es scheint nach einer aus der oben erwähnten Abschrift des
Vulc. geflossenen Copie ab.
2) Als No. 13 in folio. Sie enthält auf einem vorgehefteten Blatt fol-
gende von Schmeller p. I*** mitgeteilte Notiz des Junius: 'Incidi Heidel-
bergæ (ubi primus huius lucis auras ipse hausi) anno Domini MDCLIII in
Tatiani Alexandrini Harmoniam Evangeliorum latino-francicam a Bonaven-
tura Vulcanio quondam ad Marquardum Freherum transmissam atque
in capita CCXLIV distinctam, sed in medio sui LXXVI circiter capitum
lacuna foedam.' — Junius gibt zwar hier nicht ausdrücklich an, dass sein
Exemplar eben das von Vulcanius an Freher geschickte sei, aber diess wird
wenigstens höchst wahrscheinlich, wenn es mit der von Palthen p. 7 aufge-
stellten Vermutung, dass ein Teil der dem Apogr. Jun. zugefügten Anmer-
kungen und Correcturen von Frehers Hand herrühre (dahin ist die Angabe
von Schmeller p. II zu ändern), seine Richtigkeit hat.

in seine Abschrift ein,[1] leider ohne eine vollständige Verglei-
chung vorzunehmen, die uns den Text von *B* jedesfalls in
einer weit bessern Gestalt überliefert hätte, als die uns jetzt
vorliegende ist. Seitdem haben wir von *B* keine Nachricht
mehr und wir sind vorläufig bloss auf das Oxforder Apogra-
phon Junianum angewiesen, denn es ist kaum wahrscheinlich,
dass sich trotz der bestimmten Angaben von E. Braun und
Bochmer (Schmoller p. II.) unter dem von Greith Spicil. Vat.
S. 72 erwähnten mystischen 'Cod. Pal. 54. Anonymi Harmonia
Evangelistarum theutonice' eine Tatianhandschrift verbirgt, da
die Bibliothek der Königin Christina, in welche der Codex des
Vulcanius durch Nic. Heinsius, in dessen Besitze die Hs. sich
noch nach 1653 befand, allenfalls hätte gelangen können, beson-
ders aufgestellt und catalogisiert ist (Greith, Spicil. Vat. S. 15).
Diess Apogr. Junianum liegt der ersten Ausgabe der Har-
monie, soweit diese eben in *B* erhalten ist, durch J. Ph. Pal-
then (Tat. Alex. Harm. Evang. antiquiss. versio theot. Gry-
phiswaldiae 1706, 4°) zu Grunde.[2] Auf der von Palthen
genommenen Abschrift des Apogr. Jun. und einer zweiten ano-
nymen in Schilters Nachlass aufgefundenen beruht die von
Scherz besorgte Ausgabe des Tatian in Schilters Thesaur.
antiqu. Teutonn. II., welche erst 1841 durch Schmellers Abdruck
von *G* ersetzt wurde.[3]

3. Eine dritte Handschrift des Tatian befand sich noch
gegen Ende des 16. Jahrhunderts in der Bibliothek des Capi-
tels von Langres.[4] Jetzt ist dieselbe nach einer Mitteilung

---

1) Vgl. seine Bemerkung im Auctarium (No. 42 seiner Handschriften)
p. 290: 'De verbo *ubarhuhtige* superbos. Quum in huius Harmoniae apo-
grapho, quod Marquardo Frehero miserat Bonaventura Vulcanius, scriptum
invenissem *zispreitta ubarhubtige*, videbatur *ubarhubtige* illud referendum ad
ufarhabanen, quod occurrit CLXXI. Posteaquam vero clarissimi domini
Nicolai Heinsii Dan. filii beneficio in ipsius Vulcanii codicem inci-
dissem atque *ubarhuhtige* scriptum invenissem, statim quoque, missa priore
coniectura, sensu vocem hanc plenissime referendam ad alamannica *hugen*,
erhugen, gehugen, de quibus fuse agimus in annotatis ad XXVII, 1.

2) Eine von Fr. Rostgaard, der sich die Hs. um 1694 hatte abschreiben
lassen, beabsichtigte Ausgabe kam nicht zu Stande.

3) Die bei Palthen und Schilter erscheinende Einteilung der Harmonie
in 244 Capitel ist schwerlich alt, sondern zum Behuf leichterer Uebersicht
von dem Abschreiber des Vulcanius oder erst von den Herausgebern gewählt.
Sonst wäre es ziemlich unbegreiflich, warum die Abweichung in der Zäh-
lung gerade mit Cap. 153, d. h. nach der grossen Lücke beginnt.

4) 'En la librairie du Chapitre de Langres, y a vn fort vieil liure des
Concordances des quatre Euangiles, ayant en vne page le Latin et en l'autre
la traduction en vieil bas Allemand, que les anciens François apportèrent en
la Gaule par eux conquise.' J. du Tillet, Recueil des roys de France,
Paris 1580, p. 3; vgl. J. G. Eccard, hist. stud. etym. p. 315. J. Pontanus,
Origg. Francc. p. 465. Ich verdanke die nähern Nachweisungen über diese
Handschrift der Güte des Herrn Prof. Zarncke.

von P. Meyer nicht mehr vorhanden. Man vermutet, dass
sie durch eine 'aliénation de manuscrits faite par le chapitre
de Langres en 1689' von da fortgekommen sei.

4. Einige Fragmente aus Tatian sollen sich nach Angabe
von W. Grimm (Abhh. der Berl. Acad. 1851, p. 242) im cod.
7641 lat. der kaiserlichen Bibliothek zu Paris befinden. Es ist
mir bis jetzt nicht gelungen, eine Abschrift davon zu bekom-
men, sodass ich ausser Stande bin, etwas Näheres darüber
angeben zu können.

Die lateinische Vorlage unserer althochdeutschen Ueber-
setzung ist die bekannte von dem Bischof Victor von Capua
im 6. Jahrhundert aufgefundene, revidierte und dem Syrer
Tatian oder dem Alexandriner Ammonius zugeschriebene
Evangelienharmonie, deren Originalhandschrift (*F*) noch jetzt
in Fulda aufbewahrt wird,[1] ein wie die zahlreichen erhaltenen
Handschriften und zwei umfängliche Commentare des zwölften
Jahrhunderts zeigen, im ganzen Mittelalter sehr beliebtes Buch.
Die ältern Herausgeber der Harmonie behielten meist den Na-
men 'Tatian' bei; Neuere wie Schmeller (p. VI f.) und Wacker-
nagel (Litteraturgesch. S. 68) entschieden sich für Ammonius.
Wahrscheinlicher sind beide Männer dem Werke ganz fremd.
Beide schrieben ihre jetzt verlornen Harmonien natürlich grie-
chisch, der vorliegende lateinische Text aber stimmt durchaus
mit der Vulgata überein, selbst oft da, wo durch die unmittel-
bare Aneinanderfügung der Evangelien nur ein ganz zerhackter
Text entstand. Ein Uebersetzer würde sich nicht die Mühe
gegeben haben, alle die kleinen Stückchen, aus denen mosaik-
artig die Evangelienharmonie zusammengesetzt ist, nach ein-
ander aus der Vulgata herauszusuchen, welcher Arbeit sich
allerdings Victor von Capua, aber, wie er selbst berichtet,
getrieben durch religiöse Scrupel wegen der Ketzerei des
Tatian, bei seiner Angabe der Concordanzen unterzog. Trotz-
dem werden wir den einmal eingebürgerten Namen Tatian
nicht aufzugeben brauchen, am allerwenigsten aber ihn gegen
den mindestens eben so unbeglaubigten und viel unbequemern
Ammonius vertauschen.

Die Entstehung der althochdeutschen Uebersetzung in Fulda
hat Müllenhoff (Denkmäler p. X ff., XIV) in so schlagender
Weise dargetan, dass ich nichts mehr darüber hinzuzufügen
brauche. Das Verhältnis des lateinischen Textes von *G* zu *F*,
dessen genauere Untersuchung hier zu weit führen würde,
erlaubt recht wol die Annahme, dass die Uebersetzung unmit-

---

1) Herausgegeben von E. Ranke, Codex Fuldensis. Nov. Test. latine
interprete Hieronymo ex ms. Victoris Capuani, Marburgi et Lipsiae
MDCCCLXVIII. 8°.

telbar aus *F* geflossen sei, dessen Benutzung auch an und für
sich selbst am natürlichsten war. Jedesfalls ist die Redaction
des Textes in *G* ganz unabhängig von der u. a. durch den
Casseler [1] und Münchener Codex repräsentierten Handschriften-
gruppe, welche ihrerseits ebenfalls unmittelbar zu *F* hinauf-
steigt.

Was das Alter der Uebersetzung anlangt, die in *G* offen-
bar nicht im Originale selbst vorliegt, so weisen die unten
(S. 20) näher besprochenen altertümlichen Formen mit Bestimmt-
heit auf das Ende des ersten Drittels des 9. Jahrhunderts hin,[2]
und wir werden somit den Tatian als eine Arbeit der hrabani-
schen Schule, vermutlich auf Geheiss des Hraban selbst ange-
fertigt, betrachten dürfen.

Der Tatian ist bis auf die neueste Zeit sehr über Gebühr
vernachlässigt worden. Ausser den Untersuchungen von
Müllenhoff, welche zuerst die Stellung des Tatian inner-
halb des fränkischen Dialektes genauer feststellten,[3] und abge-
sehn von gelegentlichen Bemerkungen Kelle's in seinem weit-
schichtigen Buche über Otfrids Formen- und Lautlehre [4] ist
mir nur die Arbeit von C. H. F. Walther über die starke
Conjugation im Tatian (Kiel 1868, 4 º) bekannt geworden, wel-
cher zwar ausser der Zusammenstellung der Verbalformen auch
hie und da auf stellenweise Verschiedenheiten der Orthographie
aufmerksam macht, aber doch weit entfernt ist, den Umfang
der verschiedenen Hände (von denen man freilich bei Schmeller
p. III unten so gut wie nichts erfährt) bestimmt zu haben,
deren Grenzen sich auch ohne Einsicht der Handschrift leicht
nachweisen lassen. Eine genauere Untersuchung der Lautver-
hältnisse wird aber um so notwendiger, als verschiedene der
für die dialektische Stellung des Tatian wichtigen Eigentüm-
lichkeiten nur gewissen Schreibern zufallen, z. B. der Wechsel
von *au* und *ou*, *d* und *t*, *d* und *th*, *sg* und *sc* (*sk*, *sch*) u. s. w.
Ich gebe daher im Folgenden zunächst eine Uebersicht der
wichtigsten Lautverhältnisse mit besonderer Berücksichtigung
der selteneren Erscheinungen und des Gebrauchs der verschie-
denen Schreiber.

Dabei muss ich vorgreifend zunächst mit einigen Worten
das Verhältnis von *G* und *B* besprechen. Wenn Walther

---

1) Abgedruckt in Grein, Heliandstudien I, Cassel 1868.
2) Hinsichtlich früherer Datierungen will ich beispielsweise nur auf
W. Wackernagel, Litteraturgesch. S 69 und Müllenhoff, Denkmäler S. X — XII.
hinweisen. Aber bereits J. Grimm stellte (Gr. I ¹, S. LV) den Tatian dreissig,
vierzig Jahre vor Otfrid.
3) Denkmäler p. X ff. J. Grimm versetzte den Tatian noch an die
linke Seite des Rheins; G D S. I, 547 ¹.
4) Die Formen- und Lautlehre der Sprache Otfrids, Regensburg 1869. 8 º.

(a. a. O. p. 5) meint, es sei zur Feststellung der Lautverhält-
nisse des Tatian eine neue Collation des Apographon Junianum
notwendig, so ist das falsch. Schon die oberflächlichste Be-
trachtung zeigt, dass *B* eine und zwar meiner Meinung nach
unmittelbare Abschrift von *G* ist, die erst verfertigt wurde,
nachdem der St. Galler Corrector seine Arbeit vollendet hatte.
Denn es stimmt *B* in den verschiedensten Eigentümlichkeiten,
die unten als nur einzelnen Schreibern angehörig nachgewiesen
werden sollen, durchgängig mit *G* zusammen: Beispielsweise
um nicht zu sehr zu häufen führe ich an die Ausdehnung der
Vocalassimilation. und der Apocope auslautender Vocale vor
vocalisch anlautenden Wörtern, sowie der Ausstossung unbe-
tonter Vocale in den Ableitungssilben; das Schwanken zwischen
ar- und *er*-, *fur* und *for*, *au* und *ou*, *queman* und *coman*; *hh*,
ch und *h*, *ph*, *pf* und *f* u. s. w.; die unten bei Besprechung
dieser Fälle gegebenen Belege werden genügen, die Richtigkeit
dieser Behauptung zu beweisen. Selbst in ganz äusserlichen
Dingen, ja in Schreibfehlern stimmen *B* und *G* überein; so
steht 13, 19 *thenkenté* für -*én*, 18, 2 *gibrochanné*, in *B* gebro-
channé; 67, 9 *giarbitité*, in *B* wenigstens nach der einen Ab-
schrift ebenso; 159, 2 *thaz githuncóto bröt*; 164, 1 *bitit G*,
bittit B als 2. pl. ind.; ib. *naman* (dat. sg.); 167, 1 *nemit* für
nimit; 213, 2 *tuorón* statt *turón*; 231, 2 *áleibbá G*, *leibbá B*;
ferner *zihenzug* 212, 6 neben dem regelmässigen *zehenzug*;
giberohiónti 238, 5 neben häufigerem *giberehtón*. Von Correctu-
ren, die dem Schreiber von *B* bereits vorlagen, lassen sich
anführen die von *in* in *inan* 49, 4. 53, 8. 13. 60, 1 (während
die in *G* ungeänderte Form *in* 12, 3. 13, 16 u. s. w. auch in
B wiederkehrt), von *thie* in *ther* resp. *thia* 5, 4 ff., 49, 6 ff.,
von *im* in *in* 5, 13. 6, 1 etc.; *allém* in *allén* 6, 7; *hóhistóm* in
-*ón* 6, 4, *thém* in *thén* 6, 7 (vgl. uncorrigiertes *allém* prol. 3,
thém = *dém G* 6, 5 u. s. w.) und vieles derartige.

Endlich umfassen von den cca. 20 grössern Lücken in *B*
16 (5, 1. 13, 6. 14, 2. 22, 6. 26, 3. 34, 3. 159, 1. 160, 6.
172, 5. 174, 3. 180, 1. 192, 1. 197, 7. 218, 5. 221, 7. 233, 6)
je eine Zeile von *G*,[1] die 13, 4 *fon liohte* [*thaz allé — fon
liohte*] 2 Zeilen; 2 weitere, 172, 4 .... *fluobreri zi iu*
  [*obih faru thanne sentih inan
  zi iu*] *inti* ...
und ·179, 4 *inti cundan* [*teta in thínan namon
  inti cundan*] *tuon*

---

1) Auch *B* war nach dem Abdruck bei Palthen und Schilter ähnlich
wie *G* in ungleichen, nach dem Sinn abbrechenden Zeilen geschrieben, aber
die Zeilenabsätze stimmen fast gar nicht mit *G* überein, so dass man die
Lücken nicht der Nachlässigkeit des Abschreibers des Vulcanius zuschrei-
ben kann.

wie vielleicht auch schon 13, 4, erklären sich leicht durch Abirren des Auges auf das zweite gleichlautende Wort. So bleibt ausser dem Fehlen des grösten Teiles der Geschlechtsregister im 5. Capitel, das nur zufällig sein kann, nur noch 18, 2, wo der Schreiber in *B* von *mih* auf das in der folgenden Zeile unmittelbar darunter stehende *inti* übersprang. Demnach hat *B* zumal bei der ausserordentlich schlechten Ueberlieferung für unsern Zweck nicht den mindesten Wert. Eine besondere genaue Untersuchung müste erst die zahlreichen Fehler von *B* zu berichtigen suchen, um daraus dann einigen Gewinn für die Dialektforschung zu gewinnen. Allerdings hat sich der Schreiber von *B* mit ziemlicher Freiheit bewegt; abgesehn von einigen dialektischen Aenderungen (er setzt z. B. consequenter *th* als *G*, lässt die partt. praes. stets auf - *nte* statt - *nti* auslauten u. dgl.), hat er öfter Worte eingeschoben oder ausgelassen, meist um ein geschmeidigeres oder klareres Deutsch zu erzielen oder um grössere Uebereinstimmung mit dem lateinischen Texte zu gewinnen; so *intteta sinan mund* [*inti*] *lérta* 22, 7, aperiens os suum docebat; ähnlich 63, 2. 161, 3. 189, 4. 199, 12. 201, 2. 205, 5; *bismarótun inan* [*inti*] *ruortun iró houbit* 205, 2, blasphemabant eum moventes capita sua; vgl. noch 29, 2. 34, 2. 44, 18. 61, 5. 71, 3 u. s. w.; eingeschobenes *thó* steht 160, 4. 189, 4. 215, 3. 232, 4; *ir* 176, 4 (*thaz* [*ir*] *in mir habét sibba*); *sénu* 61, 5. 220, 5 (nur das erstemal steht im lat. Text *ecce*). Notwendig waren die Verbesserungen *giengut ir* [*úz*], existis, 185, 7 und die des sinnlosen *inan intuudtenti* 200, 5 *in úzgangenté thó*, wo der Uebersetzer *exuentes* statt *exeuntes* gelesen hatte; etwas ungeschickt ist 174, 6 *in themo tage mih iouuihtes* || ... *G* in *in themo tag ni fragetes jo uuihtes* ergänzt. Manches Falsche in *G* blieb jedoch auch in *B* stehn, wie *sinén jungirón* 206, 3 statt *themo jungiren.* — Ueber alle solche Abweichungen und nur über solche geben die Varianten Aufschluss.

Der Tatian gehört bekanntlich dem fränkischen, speciell dem von Müllenhoff (Denkmäler p. X) hochfränkisch genannten Dialekte an. Die Grenzen, innerhalb derer ein Schwanken der einzelnen Laute statthaft ist, erweitern sich hier etwas durch eine merkliche Annäherung an das Niederdeutsche, die sich auch in manchen Besonderheiten des Wortschatzes kund gibt. Am meisten willkürliche Verschiedenheiten bietet der Consonantismus dar, während der Vocalismus wenigstens der Stammsilben als ziemlich feststehend und weniger vom Belieben der Schreiber abhängig erscheint.

Im Consonantismus nimmt der Tatian wie alle fränkischen Denkmäler eine Mittelstellung zwischen dem ober- und niederdeutschen Lautstand ein. Vollständig verschoben ist got.

t zu *z*, ʒ, in der Regel auch got. *d* zu *t*, sowie auch an- und inlautendes *p* zu *ph*, *pf*, *f* und inlautendes einfaches *k* nach Vocalen zu *hh* (*ch*, auch *h.* geschrieben); unverschoben bleiben im Allgemeinen *g*, *b*, und anlautendes oder inlautend geminiertes resp. mit einem andern Consonanten Position bildendes *k*.

Unverschobenem *d* begegnen wir inlautend ziemlich selten: *uueraldi* 108, 4, *aldere* 116, 1. 117, 4 und öfter in *eldiron* 7, 5. 12, 1. 2. 132, 1. 2. 11. 13 (2).[1] 106, 6; *eltiron* steht nur 44, 14; nur in *ð* finden sich schwache Praeterita auf -*da*: *uuonáda* 104, 3, *giloubdun* 104, 9, *leccódun* 107, 1. Stärker treten diese *d* im Anlaut hervor, namentlich in *ð ð´ ζ*. In *α* finde ich nur *t*; *forduomta* 120, 6 ist vom Corrector geschrieben; *β* hat 26, 1. 2 *duomen* und 79, 7. 9 *diske* (vgl. *discu* 85, 4; auffallend ist *tisge* 107, 1, *tisgi* 117, 2 in *ð*) = lat. *discus* wie *diacaná* 13, 19 = lat. *diaconus*, *dezemo* 118, 2, *dezemón* 141, 17 = lat. *decima*, *decimare*. In *γ* steht ausser dem erwähnten *discu* noch *dragabetti* 88, 3 (3). 4, *dódes* 84, 2. 90, 6; dagegen in *ð* z. B. *duomen* 104, 6 (2), *duom* 104, 6, *duomen* (subst.) 105, 1, *dag* 104, 3. 109, 2. 111, 1, in *ð´ deil* 231, 2, *drinkent* 243, 3. Sehr gewöhnlich ist *d* in *ζ*: *duon* 132, 9. 134, 3. 7. 9 (2). 135, 28 u. s. w. (zusammen 21 mal), *duom* 133, 3. 139, 8 etc. (6), *duomen* 138, 10. 143, 4, *erduompt* 172, 5; *dumbé* 141, 14. 148, 2 (2); *dougolo* 145, 1, *douglí* 187, 2; *durí* 133, 6 (2). 9. 10. 146, 2. 148, 6. 186, 2, *duriuuart* 133, 6. 147, 6, *duriuuartá* 186, 3. 4, *deil* 203, 1, *dudla* 147, 12 (neben *tuuudla* 148, 3). Auffallenderweise erscheint dagegen in einer beschränkten Reihe von Wörtern fast überall unverschobenes *d*, vor allem in dem fremden *diuual*, bei welchem ein *t* nur 82, 12. 85, 2. 104, 5 belegt ist, in *dohter* 7, 9. 60, 2. 10. 67, 10. 79, 5 (*tohter* 2, 1. 44, 22. 23. 85, 2. 4. 103, 5. 116, 3) und in *diuri* nebst seinen Ableitungen *diurida* und *diurisón* z. B. 7, 2. 13, 7 (2). 38, 4. 44, 21 etc. (31) gegenüber nur selteneerm *t* in *tiurlícho* 103, 5, *tiurisóta* 103, 2, *gitiuril* 116, 3, *tiurida* 104, 5 (2). 110, 3. 116, 4 in *ð*, das doch sonst unverschobenes *d* liebte, und 6, 3. 90, 6 in *α* und *γ*.[2] Auch das bereits oben angeführte *eldiron* zeigt einen Ueberschuss an *d*.

Anlautendes *t* lateinischer Fremdwörter wie *tempal*, *túnihhá*, *talenta*, *treso*, *tribuz* wird meist beibehalten; nur in *drisiuuit* 105, 3 und *dilnichún* 236, 6 zeigt *ð ð´* eine Erweichung desselben zu *d*; *thribuz* 93, 2 (: *tribuz* 194, 2) ist schwerlich als Zeichen

---

1) Durch eine in (—) beigegebene Zahl bezeichne ich das mehrmalige Vorkommen einer Form innerhalb eines Abschnittes. Uebrigens führe ich bei mehrfach belegten Formen in der Regel nur den Nom. resp. Inf. an.

2) Vielleicht stand auch 88, 13 *túrida* statt des vom Corrector hergestellten *diuurida*.

einor beginnendon Verschiebung zu betrachten, sondern wie
elthiron 132, 12, *thruhtin* 113, 1, *throhtín* 238, 2 (vgl. noch
Graff V, 517 ff.) zu beurteilen.

Geminiertes *t* steht ausser beim Consonantumlaut und in den
unverschobenon *bittar* und *lúttar* organisch nur in den schwachen
Praeteritis langsilbiger auf eine Dentalis ausgehender Verba wie
leitta 16, 4. 19, 5 etc.; *erbeitti* 151, 8, *spreitta* 62, 7. 149, 6,
neben denon sich aber auch schon *leitun* 78, 9. 116, 2, *gileita*
109, 1, *beitun* 228, 2 finden; vereinzelt steht *santtun* 203, 4.
Ueber unorganisches *tt* nach kurzem Vocal s. p. 28.

Im Auslaut fällt -*t* nach Consonanten, besonders *f*, *h* und
n bisweilen ab: *nótthurf* 118, 4; *vvuof* 149, 8; *niouuih* 19, 6.
131, 11; *stuon* 19, 4; *furstuon* 21, 9; *uuánen* 34, 3; *suohhen*
38, 6. — *uuor*[*t*] 170, 2 ist aber wol blosser Schreibfehler
(vgl. S. 22). Andererseits beginnt ein unorganisches -*t* sich an
die 2. sg., die gewöhnlich noch auf reines -*s* ausgeht, anzu-
drängen und zwar ohne Unterschied der verschiedenen Conjuga-
tionen, Tempora und Modi; vgl. z. B. *gisihist* 14, 7. 39, 5.
135, 24; *uuirdist* 2, 9; *quimist* 14, 2; *cumist* 205, 6; *quidist*
132, 10. 176, 1; *nimist* 134, 2; *verist* 135, 4; *gihórist* 135, 25;
giloubist 135, 24; *selist* 183, 4; *toufist* 13, 22; *bismaróst* 134, 8;
minnóst 135, 2; *arnóst* 151, 7; *gést* 31, 5. 47, 4; *bist* 8, 3.
13, 22 etc. (cca. 25; *bis* 63, 4. 82, 12. 97, 8. 195, 1 etc.);
gileitést 34, 6; *síst* 134, 2; *uuárist* 135, 12; *gihórtóst* 135, 25;
santóst 135, 25. Eine auffallend grosse Menge dieser -*st* drängt
sich in Capitel 134 und 135 zusammen; sonst ist die Verteil-
lung ziemlich gleichmässig. Vgl. noch p. 12 unten.

Altes *th* ist anlautend meist bewahrt, inlautend aber ab-
gesehen von *quáthun* 132, 14. 137, 3, *heithin* 98, 2, *antheré*
132, 9, *narthu* 138, 1 und dem verschriebenen *erhtbibunga* 217, 1
(*erdbibungá* 145, 5) zu *d* verschoben. Ein Schwanken tritt ein
in Fällen wie *bi-therbi*, das 28, 2. 84, 3. 185, 12 (wie *bither-
bisót* 135, 29. 172, 3) mit *th*, weil man die Composition noch
fühlte, sonst z. B. 28, 3. 82, 11* mit *d* geschrieben ist. Das
dem Relativum nachgesetzte *thár* (geschwächt *ther*, *the* u. s. w.[1])
wird in α α' β β' ε als selbständiges Wort betrachtet und daher
stets mit *th* geschrieben, (nur 13, 6. 8. 10 steht *ddr*; 24, 1.
79, 11 rührt es vom Corrector ζ her), die übrigen Schreiber
verwandeln es in *ddr* u. s. w. Daraus aber, dass auch bei diesen
obwol selten doch vereinzelt namentlich zu Anfange ihrer Ab-
schnitte *th* vorkommt (*thár* 82, 11 (4); *the* 87, 8; *thár* 104, 5.

---

1) Ueber diese Formen s. weiter unten; das Verhältnis der *th* und *d*
ist folgendes:

	α	β	γ	δ	α'	ε	β'	ζ	δ'
thár	24	93	—	2	12	1	—	10	—
dár	4	—	55	38	—	—	—	134	23

116, 1. 133, 6. 135, 15. 16. 24. 25. 30. 138, 3; *the* 135, 27.
143, 2. 179, 1), dürfen wir wol den Schluss ziehn, dass in der
allen gemeinsamen Vorlage nur *th* sich fand. *Bi-diu* statt
bi-thiu steht 38, 1 und dann fast consequent in γ δ δ′,
welche *bithiu* nur 97, 6. 107, 3. 105, 1 und 104, 2 (2). 6. 8
aufweisen. Für *mit thiu*, das in α α′ β β′ ε erhalten ist, schreibt
ζ mit wenigen Ausnahmen (135, 19. 26. 136, 1) *mit diu*,[1] so
auch einmal δ 110, 4, welches sonst wie γ die Assimilation zu
mittiu eintreten lässt. *Mit thiu* finde ich in diesen beiden Ab-
schnitten nur 82, 12. 87, 2 (2). 104, 3. 106, 5. 107, 2. Die
übrigen Verbindungen von *thiu* mit Praepositionen wie *in thiu*,
fon thiu, zi thiu sind, abgesehn von *untar diu* 87, 8, stets mit
th geschrieben. Eine Verschiebung des anlautenden *th* zu *d*
hat namentlich in γ um sich gegriffen (man vergleiche *drízog*
88, 2, *drí* 89, 1. 91, 2, *dritto* 90, 4. 92, 1. 93, 1, *dráto* 91, 1,
durreró 88, 1, *gidult* 99, 2. 3, *dorrét*·92, 2, *druoét* 91, 5. 92, 7;
dár 87, 1. 5. 9. 88, 2, *daz* 88, 5 etc., *danne* 88, 2. 87, 5 (2).
90, 6, *dín* 87, 1. 9, *dú* 85, 4. 87, 5, *dir* 85, 4 etc., Arti-
kel u. s. w.), während α β δ nur ganz vereinzelt (*dih* 17, 5,
danán 18, 5, *dingun* 33, 2; *duncó* 107, 2, *zi desemo* 104, 2 (2))
davon Gebrauch machen; für α′ β′ habe ich keine Belege von *d*;
ζ setzt gewöhnlich auch *th*, daneben einige male *d* in *díhemés*
137, 3, *driió* 188, 6, *drittún* 150, 3, besonders in Pronominibus
wie *dese* 132, 19. 134, 11. 141, 30. 198, 1 etc. Ganz eigen-
tümlich ist die Gewohnheit von ζ bei voraufgehendem relativen
ther dú, sonst *thú* zu setzen: *thén dú* 135, 2. 177, 1, *thié dú*
177, 4. 178, 1. 184, 5 etc.; *thaz dú* 177, 3. 5. 178, 7 (2). 179,
2. 4. 190, 1; *thiu dú* 177, 5 (2); *thia dú* 179, 1; *theru dú*
179, 4; ähnlich steht *thaz* (quia) *dú* 149, 6, *thár dú* 149, 6 (2),
thó dú 149, 7. Diess erinnert sehr an das oben über *thár* Be-
merkte. Eine Analogie zu dem in ζ üblichen *mit diu* bildet *mit
dir* 133, 2. 157, 3. 161, 3. 5. 177, 3, vielleicht auch *zi dir*
142, 1 (*mit thir* hat ζ nur 177, 3, sonst aber *in thir, fon thir,
uuidar thir* etc.). — Das der 2. sg. bei Fragestellung nachge-
setzte *thú* bleibt entweder unversehrt (*uuirdist thú* 2, 9; *bis thú*
13, 19; *toufist thú* 13, 22, *uuil thú* 72, 5 etc.) oder schmilzt mit
dieser zusammen wie in *uueistú* 17, 5; *bistú* 64, 1; *arheuistú*
65, 4 etc.; selten sind die Schreibungen *scalt͡ tú* 108, 3 (2);
gisihist tú 138, 11; *bist tú* 195, 5. Kaum wird man damit die
Formen *mit temo fater* 88, 13, *al taz folc* 115, 2 und *in temo
temple* 140, 2 zusammenhalten dürfen, die ich lieber als blosse
Schreibfehler auffasse. — Eine über das Ziel hinausgehende
Verschiebung von *th* zu *t* sehn wir in *trúen* 227, 2, *tróen* 232, 2
(vgl. sonstiges *thruoén* 90, 4. 102, 1 etc., ags. *þróvian*) und in

---

1) Auch in seinen Correcturen 43, 3. 77, 3.

einigen Formen von *findan* in γ, nämlich *uintint* 90, 5 (3. sg.),
fintis 93, 3, *fintit* 96, 2. 5, *fintu* 102, 2, *funtan* 97, 5.¹ Ebenso
verhärten die partt. praet. von *uuerdan* und *quedan* (wie die der
betr. Verba der *i*-Classe, die hier nur durch *bisnitan* 7, 1 und
bimitan 60, 8 belegt sind) ihr *d* stets zu *t*: *giuuortan* 13, 1.
50, 1 etc., *giquetan* 7, 3. 28, 1. 29, 1 etc.; *giquædan* steht nur
116, 3. — Endlich ist noch zu beachten, dass α auch ein *d* für
th kennt in *demo* 5, 11 (2). 6, 5 (2); *dêm* 6, 5 (2); *vvurdun*
5, 13 und *thiu dâr* 7, 7 (nicht in *gold* 44, 6).

Got. *t* ist ausnahmslos zu *z* oder *ʒ* verschoben. Inlautend
nach einem kurzen Vocal wechseln *z* und *zz* ohne feste Regel
ab, so jedoch, dass *zz* die Oberhand behält, wie sich denn auch
z nach einem Vocal nur aus geminiertem *t* entwickelt. So heisst
es meist *sizzen* 4, 18. 19, 5. 21, 12 (cca. 40 mal), *sezzen* 25, 2.
45, 7. 69, 9. 99, 1 etc. (etwa 30 mal), *nezzi* 19, 1 ff. 236, 7.
237, 3 (2), *blezza* 56, 7, *scazzu* 44, 20, -*d* 118, 1, *hizza* 109, 2,
fuzze 87, 3, *phuzzi* 110, 2 etc.; nur in den abgeleiteten Verben
und Substantiven auf [-*azjan*], -*azunga* etc. wird stets *z* geschrie-
ben: *heilezen* 32, 7. 44, 8 etc., *heilazunga* 4, 2. 141, 4. 10.
lîhhazâri 35, 1. 39, 6, *arrofozu* 74, 3 u. s. w.; auch in *annuzi*,
dessen *z* gleichfalls nur in tieftoniger Silbe steht, herscht *z* vor
(35, 2. 64, 6. 67, 1 etc., zusammen 15 *z* : 2 *zz* 4, 17. 35, 1)
und ganz singulärer Weise auch in *luzil* (25 : 3 *zz*, 19, 5. 35, 3.
160, 5). Beispiele für sonstiges einfaches *z* sind *nezi* 19, 3 (2;
Rasuren des Correctors), *sizen* 44, 6. 56, 2. 67, 12. 77, 3.
115, 1. 125, 11 (2), *gisezitu* 45, 4, *arsezit* 69, 5. 91, 4; *phuzi*
87, 3, *scazô* 154, 2. Bisweilen wird *z* durch *c* vertreten, z. B.
cenô 47, 7; *lucil* 38, 5. 52, 5. 81, 4. 89, 5; *cêsalâri* 91, 1;
cehenzog 96, 2, *ceso* 244, 2, besonders im Anfang von ζ: *ci*
135, 2 (2). 4 ff. 136, 1. 2; *cispreitiu* 135, 30, *cigange* 160, 4;
annuci 136, 1. 2; *bicurcite* 145, 16; *cit* 135, 5. 139, 2. 5; *phor-
cihe* 134, 1; *uurci* 141, 17;² in *crûci* und *centenâri* (47, 1 ff.),
die nur mit *c* vorkommen, war die lateinische Abstammung
massgebend.

Das Verhältnis der Schreibweisen *ʒ* und *ʒʒ* nach langem
Vocal veranschaulicht folgende Uebersicht:

1) Gr. I ², 160; vgl. Kelle II, 27. Das mehrmalige *fant*, z. B. 16, 4.
99, 3 etc., kann man wegen der im Auslaut gestatteten Verhärtung der
Media (s. 28) nicht sicher hierherstellen. Die Praesensformen mit *t* schei-
nen nach Graff I, 532 nur bei T. belegt zu sein. Vielleicht wird man eher
an eine Einwirkung ähnlicher Wörter wie *bintan*, *gibenti*, *biwintan*, *blint*,
lant etc., als wegen des einmaligen *funtan* an ein Umsichgreifen der sonst
dem Praet. gerechten Verhärtung denken dürfen, die aber dem T. bei *findan*
gerade abgeht. Ueber einige andere Fälle von Verhärtung bei Ableitungen
von *quedan* und *uuerdan* vgl. Walther p. 13 (q, a ff.).
2) Späterhin sind mehrere *c* in *z* corrigiert, vgl. 135, 10. 138, 4. 5. 13 etc.

	α	β	γ	δ	α'	ε	β'	ζ	δ'
ȥ	9	85	18	20	15	2	—	30	7
ʒʒ	11	5	13	1	—	—	⊥	54	1.

Von den 5 Belegen für ʒʒ innerhalb β: *uuíȥȥiu* 22, 2; *hieȥȥín* 22, 6; *itiuuíȥȥónt* 22, 16; *furláȥȥan* 62, 8; *uuíȥȥagon* 79, 2 steht der letzte auf Rasur und gehört also eigentlich zu ζ. Die beiden Beispiele für δδ' sind *uueiȥȥes* 108, 3 und *itiuuíȥȥóta* 241, 2. Man beachte, dass von den 30 ȥ in ζ 22 zwischen 132, 10 und 145, 15, sowie 5 zwischen 202, 2 und 207, 2 fallen, wodurch sich das Verhältnis von ȥ zu ʒʒ in Cap. 146—201 zu 3 : 41 umgestaltet. — Nach kurzem Vocal ist ʒʒ durchaus am gewöhnlichsten; im Ganzen fand ich etwa 100 ʒʒ : 30 ȥ; von diesen letztern fallen 26 in β (: 17 ʒʒ), darunter 19 zwischen 45, 8—82, 9, welcher Abschnitt nur 1 ʒʒ in *eȥȥanne* 68, 3 aufweist, während in der vorhergehnden Partie von β ein Verhältnis von 3 : 12, stattfand; *uuaȥȥar* 81, 3 und *furgoȥȥan* 56, 8 bieten wegen der Rasur keine Sicherheit. Die übrigen einfachen ȥ sind *uuaȥar* 129, 5. 132, 4. 6; *sluȥil* 141, 11. — Ausser diesen beiden Schreibarten findet sich einmal sicher *sz* in *gisásznissi* 84, 2; wahrscheinlich aber war der Gebrauch desselben in γ ursprünglich ausgedehnter: denn 84, 3. 4. 5. steht in *gisáznissi* das *z* auf einer den Raum von 2 Buchstaben umfassenden Rasur. Auch ist öfter *uuaȥȥar* (meist vom ersten z an) vom Corrector geschrieben, so 87, 2. 3 (2). 4 (3); 87, 5 liest man noch unter *uuaȥȥares* deutlich ::*af*:::::, einige Zeilen darauf unter *uuaȥȥar* -*ff*::, 88, 2 unter *uuaȥȥeres* :::*fferef*; auch in *uuaȥȥeres* 81, 2 scheint ʒʒ für *s*: eingefügt. Diese letztern Spuren weisen freilich eher auf -*ss*- (oder etwa -*zss*-?) hin.

Die labiale und gutturale Media bleibt der Regel nach im T. unverschoben, auch in der Gemination, vgl. *luggi* 23, 4. 41, 1 etc.; *giuuiggin* 34, 1 (nur einmal steht *cg* in *mucgún* 141, 18); *gotauuebbi* 107, 1. 200, 1. 4; *sibba* 4, 18. 6, 3. 7, 6 etc.; *áleibbá* 231, 2 ist Schreibfehler. Ausnahmsweise gestatten sich βγ eine Verhärtung von anlautendem *b* zu *p*, ersteres nur in *intprennent* 25, 2,[1] letzteres in *perahtnissi* 88, 13; *prah* 89, 2. 5; *pitíent* 98, 3. In dem entlehnten *bíminzsalbá* 212, 7. 216, 2 ist *b* aus lat. *p* erweicht, das sich in *píminzún* 214, 2 erhielt.

Anlautendes altes *p* (das aber fast nur in alten Lehnwörtern vorkommt) unterliegt stets der Verschiebung.[2] Die Schreibung des verschobenen Lautes wechselt zwischen p h (in *phorta* 40, 9 etc., *phluog* 51, 14; *phruonta* 80, 1. 4; *phuzzi* 87, 3.

---

1) War etwa das vorausgehnde *t* hier von Einfluss? Sonst steht *inbrennen* 96, 5. 108, 7. Für γ vgl. noch die Verschiebung von *th* zu *d* p. 12.

2) *Píminzún* etc. (s. oben) ist erst eine jüngere Entlehnung.

110, 3; *phlanzón* 124, 1. 147, 2 u. s. w.), p f (nur dreimal in
ζ belegt: *pfenning* 138, 9. 193, 1; *pfrasamen* 149, 7) und f,
das ich abgesehn von dem vereinzelten *fenninguuantaleró* 117, 2
nur in γ angetroffen habe: *flanzunga* 84, 7; *flanzóta* 84, 7;
fuzze 87, 8; *giflanzótan* 102, 2. Inlautendes geminiertes *p* geht
ebenfalls in einen affricierten Laut über, der in *scephen* 45, 6.
87, 5, *clophón* 40, 4. 5 durch *ph*, in *tropfo* 182, 3, *clopfó* 150, 1
durch *pf* und in *sceffen* 87, 2, *scefés* 87, 3, *clofón* 113, 1 durch
ff und sogar *f* bezeichnet wird.[1] Wiederum geht γ hier in der
Lautverschiebung am weitesten. Einfaches *p* nach Vocalen
verschiebt sich immer zu *f*,[2] das nach kurzem Vocal sehr
gewöhnlich verdoppelt wird, wie in *skeffe* 79, 13; *offano* 104,
3. 7 etc.; *bisgoffes* 185, 2. 186, 2; überladen ist die Schreib-
weise *ofphano* 104, 3; nach langem Vocal lässt nur γ Gemina-
tion eintreten: *touffári* 90, 1. 91, 5; *zuolouffanté* 92, 6; *louffenti*
97, 4 (vgl. S. 28). Nach einem Consonanten gelangt dagegen
p in den meisten Fällen nur bis zu dem Affricationslaute *ph*,
pf, in dessen graphischer Bezeichnung die einzelnen Schreiber
auseinandergehn; es findet sich nämlich in

	α	β	γ	δ	α′	ε	β′	ζ	δ′	
ph	4	37	4	1	5	2	—	3	—	
pf	—	—	1	—	—	—	—	21	—	mal.

Der reine Spirant *f* herscht dagegen in γ (z. B. *uuerfan*
85, 4. 92, 8 (2) etc., *helfan* 85, 4 etc., *gilimfan* 87, 1. 5 etc.,
zusammen 16 mal) und δ δ′ (z. B. *uuerfan* 108, 1. 2. 116, 2;
scinfen 106, 7. 112, 1; *gilinfan* 218, 4 etc., zusammen 10 mal).
Doch steht auch 189, 3 *ziuuerfan* und 192, 1 *scimfitun* in ζ.
Für *ph* und *pf* mögen einige Beispiele genügen: *gilimphan* 12, 7.
14, 2. 21, 6 etc.; *uuorphscúuala* 13, 24, *kemphon* 13, 18; *uuer-
phan* 22, 16. 24, 3 etc.; *helphan* 19, 7. 63, 2 etc.; *uuerpfan*
132, 20. 133, 1. 3 etc.; *gilimpfan* 139, 9. 145, 4. 185, 8 etc.;
kempfo 203, 1. 4. 211, 2 u. s. w. Hervorzuheben sind für γ
gilimphan 87, 5. 91, 4. 103, 3 (in δ 114, 1), *uuerphan* 92, 1,
für ζ *gilimphan* 133, 13. 161, 5 und *kenphon* 200, 1. — Unor-
ganisch tritt *pf* ein in *nótnumpfti* 141, 19, veranlasst durch das
m[3] und ohne sichtbaren Grund *ph* in *phígboum* 102, 2 (2).
Dagegen ist das *ph* in *inphdhan*, welches 29 mal, und in *int-
phdhan*, welches 9 mal als ausschliesslich gebräuchliche Form
in αβα′ gegenüber der von den übrigen Schreibern gewählten
unveränderten Schreibung *int-fdhan* (ungewöhnlicher *in-fdhan*

---

1) Ein *bph* treffe ich nur in *obphar* 7, 3, das auch im T. das ihm
eigentlich gebührende *ff* aufgegeben hat. Unverschoben ist nur *crippea*
5, 13 etc., doch vgl. as. *cribbja*.

2) Ausgenommen das einzige *scdph* 133, 11; *scáphô* 133, 6.

3) Vielleicht ist so auch *cunfpt* 145, 18 zu bessern in *cunpft*; wegen
- *npf* - vgl. *kenphon* 47, 5. 200, 1.

88, 11. 13 (3). 89, 4. 104, 6. 141, 12) vorkommt, sicher bereits als Vorstufe des *pf* unseres jetzigen *empfangen* zu betrachten. Anlautendes *f*, das gotisch-niederdeutschem *f* entspricht, wird bisweilen durch *v* vertreten, z. B. *uaz* 62, 6, *uiront* 68, 4; *uergont* 108, 6; *uaran* 133, 7. 135, 4. 19. 165, 1; *givultan* 178, 5; *biuiluhu* 208, 6; *biuehnota* 114, 2, *uerro* 128, 5. Sehr zahlreich erscheinen diese *v* in *γ*: *uallan* 84, 7. 85, 4; *uaran* 84, 8. 87, 1. 5. 88, 8. 90, 4. 92, 8. 93, 3; *uintint* 90, 5; *uorahten* 91, 3; *uerro* 84, 5; *uingard* 86, 1; *uuegeuerti* 87, 1; *uisgd* 89, 2; *uolget* 95, 1; *aruiuren* 100, 6 (3). Charakteristisch für die einzelnen Schreiber ist die Art, wie sie die Vorsilbe *fur* behandeln, die abgesehn von 1 *uirstantet* 89, 6 und den Kürzungen *fliosan* 44, 9, *fliose* 133, 10; *flurin* 199, 6, in den auch vocalisch geschiedenen Formen *fur*, *for*, *uor* auftritt, deren Verhältnisse folgende sind:

	α	β	γ	δ	α′	ε	β′	ζ	δ′
fur	2	74	—	—	21	6	—	—	—
for	11	10	21	17	3	—	—	85	10
vor	—	—	34	1	—	—	—	5	3

Zu *ζ* kommen noch 8 Correcturen hinzu: 28, 1. 39, 2 (4). 62, 12. 78, 9. 120, 6. In *β* stehen alle *for* ausser *foruuirphu* 62, 4 am Anfange, d. h. von 18, 2 (3) — 39, 1, was wegen des Anschlusses an *α*¹ wol zu beachten ist. *α′* stimmt auch hier wieder wie fast immer näher zu *β* als zu *α*. — Beispiele: *fur*- 13, 19. 15, 6. 21, 9. 10. 24, 3 etc. 82, 4. 7. 119, 11 (2) 8. 120, 7 etc. 131, 12. 18. 23. 24; *for*-: prol. 4. 2, 10. 4, 7 etc., 18, 2 (3). 19, 2 etc. 39, 1. 62, 4 etc. 84, 5. 5. 86, 2 etc. 117, 2 (3). 118, 4. 121, 4 (2). 134, 9 etc. *uor*-: 82, 12. 84, 6. 8 (2) etc. 100, 2. 3. 5. 104, 5. 133, 8. 11. 134, 4. 146, 3 (2). 193, 3. 224, 3. 225, 1. 232, 1. Eine merkwürdige Ausnahme von der allgemeinen Regel bildet das Verbum *gifehan* nebst *gifeho*¹ und *givago*, die zusammen 29 mal mit *f* und 23 mal mit *v* vorkommen; von den *v* gehören 8 zu *β*, 5 zu *γ*, 3 zu *ζ*, 3 zu *δδ′*, zu *α* nur *giuago* 13, 18, während diess Stück 9 *f* enthält, *β* aber nur 77, 1 *gifehen* schreibt, obschon es sonst das *v* nicht liebt; 21 *f* fallen in *ζ*.

Im Inlaut ist dagegen *v* ganz gewönlich Vertreter eines got. *f*, z. B. *uuorphsciduala* 13, 24; *uuolud* 41, 1. 44, 11; *ouan* 38, 5 etc.; *sueual* 147, 2, *heuen*, *diuual*; nur *ζ* zeigt eine Vorliebe für *f*: *diufale* 152, 6, *hefen* 139, 9. 141, 9. 145, 20. 156, 5. Zweimal stand in dem letztern Worte das eigentlich zu erwar-

---

1) Beide nur dem T. eigentümlich (Graff III, 417). Darf man hieraus und aus dem Schreibfehler *giuuehen* 67, 6 etwa schliessen, dass die Schreiber das ihnen unbekannte Wort buchstäblich nach ihrer Vorlage abschrieben? Aber es ist doch sehr bedenklich, dieser ohne Weiteres ein allgemeineres *v* für *f* zuzuschreiben.

tende und auch stets im Pract. hervortretende *b* geschrieben (*hebet ûf* 87, 8; *ûfhebentî* 91, 3), ist aber vom Corrector in *u* verwandelt worden.

Am wenigsten unterliegen die Gutturalen dem Einfluss der Lautverschiebung, indem eigentlich nur inlautendes einfaches *k* nach Vocalen sich zu *ch* (*hh, h*) verschiebt. Im Anlaut, der nie ein streng althochdeutsches *ch* zeigt, wird vor *a, o, u* und vor Consonanten meist *c*, vor *e, i* aber *k* geschrieben, so dass Fälle wie *cind* 89, 3, *cindheiti* 92, 4 in *γ* nur Ausnahmen bilden. [1] Anlautendes *kw* wird wie gewöhnlich durch *qu* wiedergegeben: *quedan, arquekéta* 97, 5. 8; *quilu* 107, 2; *queman, quenâ*, einmal durch *quu* in *quuat* 106, 1. In *quȁman* rückt das *qu* mit dem *i, ë* der Stammsilbe seltener in *γ*, sehr häufig in ζ zu *cu, co* zusammen; zu beachten ist, dass *γ* nur *cu* setzt, auch wo ein - *a* folgt: *cuman* 88, 13. 101, 1; *cumet!* 103, 3. Beispiele: *cumit* 88, 8 (2). 13. — *cumu* 151, 2. 178, 2. - *ist* 205, 6; - *it* 133, 10. 135, 34 etc. 152, 1. 162, 3. 165, 7. 171, 1. 3. 4 etc. (24); *cum!* 135, 21. 26; *coman* 160, 5; *comenmês* 165, 2; *coment* 135, 28. 187, 1. 201, 3; *come* 208, 5; *comentan* 133, 11. 145, 19. 190, 3. *qu* findet sich hier in ζ überhaupt zum letzten Male 150, 2 in *quimit*. Auslautendes - *k* statt des gebräuchlichen - *c* finde ich nur in *scalk* 99, 4,[2] wo es aber vom Corrector in - *c* abgeändert ist. Einmal steht auch erweichtes - *g* in *trang* 82, 11. Für inlautend geminiertes *k* schwanken planlos die Schreibungen *kk* (*thekki* 15, 4, *ekkoródo* 32, 7. 47, 4. 121, 1.), *kc* (*heuuiskrekco* 13, 11), *ck* (*eckródo* 137, 2; *nackot* 236, 6), *cc* (*accus* 13, 15; *accar* 76, 4 etc.; *broccíno* 80, 6; *naccot* 185, 12 (2); *eccródo* 155, 1. 179, 1), *k* (*sekild* 35, 4; *ekoródo* 44, 27. 60, 1; *theki* 44, 18 etc.; *blekezunga* 67, 4. 217, 3; *stuke* 224, 1) und *c* (*ecródo* 135, 20; *nacot* 152, 3. 6 etc.). Sporadisch nur ist eine Verschiebung eingetreten in *uuecchit* 88, 7, *achre* 97, 6, *untarmerchi* 107, 3, *uuirche* 87, 8, *folche* 89, 2 und in dem sehr auffallenden *sehhil* 138, 3.[3]

In der Lautverbindung *sk* zeigt sich ebenfalls ein Schwanken der Orthographie. Vor *a, o, u, r* wird anlautend stets *sc* geschrieben (nur steht 53, 10 *biskrenkit*). Dagegen gebrauchen *αβ* vor *e, i* abgesehn von 3 *sch* in *bischein* 6, 1, *lantscheffi* 8, 8 und *himilisches* 6, 3 in *α*[4] nur *sk*, also *skiura* 13, 24. 38, 2. 72, 6; *skef* 19, 3 etc. (23); *skeidan* 22, 16. 44, 22; *skifilín* 54, 1; *skimphitun* 60, 13; *skinent* 76, 5; *giskin* 81, 2;

1) *ckindö* 85, 4 besagt wol nur, dass der Schreiber statt des von ihm zuerst geschriebenen *c* das gewöhnlichere *k* setzen wollte und hernach vergass das erstere zu tilgen.
2) und für aus *g* verhärtetes *c* in *uuek* 106, 1.
3) *sahhil* führt Graff VI, 73 aus den gl. Wirceb. an.
4) 84, 7 ist hinter *himilise* ein *h* ausradiert.

gisellaskefin 80, 5.[1] Ebenso consequent aber setzen γ δ ζ δ' (für die übrigen sind keine Beispiele belegt) auch hier *sc*, z. B. *scein* 91, 1; *scinaftiu* 91, 1; *scef* 89, 4 (2); *zisceida* 100, 3; *sciurd* 105, 2; *scinfen* 106, 7. 112, 1. 192, 1; *scenkifazzes* 141, 19. 20; *giuuizscefi* 145, 10. 189, 2; *sceidiln* 184, 3; *giscefti* 242, 2; das zweimalige *skef* 235, 3; 236, 3 kommt hiergegen kaum in Betracht. Dieser Umstand, verbunden mit der Erwägung, dass dieselben γ δ ζ δ' blosses *k* vor *e*, *i* nie durch *c* ausdrücken, also sich der verschiedenen Aussprache des *c* vor diesen Lauten wol bewust waren, legt die Annahme sehr nahe, dass zur Zeit der Verfertigung von *G* bereits überall vor *e*, *i* wenigstens *s - ch* gesprochen wurde; α β, welche überhaupt gleichmässiger und sorgfältiger sind, schlossen sich hier wie öfter [2] genau an ihre Vorlage an, der wir demnach überall *sk* beilegen müssen.

Inlautendes *sk* bezeichnen α β ebenso wie anlautendes mit *sk* resp. *sc* (vgl. Anm. 1, und für *sc* z. B. *biscof* 2, 1. 13, 1 etc., *eiscôn* 31, 7. 55, 7; *himilisco* 32, 10. 34, 7 etc.; *ascûn* 65, 2). γ δ δ' ζ dagegen lassen dafür mit Ausnahme von *discu* 85, 4 und *biscofô* 112, 1 regelmässig *sg* eintreten, z. B. *uuasgan* 84, 1. 4. 155, 3. 4 etc.; *uncilsgida* 84, 9; *arlesgan* 95, 5. 148, 5; *hiuuisgi* 109, 1. 2. 113, 1. 147, 8. 10; *bisgof* 135, 29. 30 etc.; *fisgôn* 235, 8 und *zuuisgên* [3] 87, 8. 88, 13 etc., 229, 1. Ich trage kein Bedenken, auch diesem *sg* wenigstens vor *e*, *i* den Laut *sch* beizulegen. —

Im Auslaut steht neben dem auch für ζ gewöhnlicheren - *sc* öfter - *sg* in *fleisg* 82, 11 (3). 11 *. 90, 2. 100, 3. 230, 5 und *himilisg* 99, 5. [4]

Bereits oben S. 13 ist bemerkt worden, dass von Gutturalen nur einfaches inlautendes *k* nach einem Vocale der Lautverschiebung unterliege. Es erscheint dann in den 3 Gestalten *hh*, *ch* und *h*. [5] Eine ungefähre Uebersicht derselben gibt folgende Tabelle:

	α	β	γ	δ	α'	ε	β'	ζ	δ'
hh	18	110	—	—	20	17	1	53	1
ch	18	6	56	28	—	—	—	18	24
h	4	5	2	4	2	—	—	61	1

---

1) Vgl. dazu noch die inlautenden *fleiskes* 13, 7; *hnuiske(s)* 5, 12. 44, 16. 72, 4. 77, 5. 124, 1; *Pontisken* 13, 1; *unarleskentemo* 13, 24.

2) α z. B. in der Bewahrung der datt. pl. auf - *m* (s. 20), die damals gewis nicht mehr lebendig waren; s. Müllenhoff a. a. O. XIII.

3) In diesem Worte wie auch in *eisgôta* 8, 2 bedienen sich auch α β des *sg* und zwar ausschliesslich: 6, 4. 52, 7. 69, 7. 82, 9. 11.

4) Ueber *himilisch* vgl. S. 17, Anm. 1.

5) Vereinzelt steht *hch* in *brehchanne* 229, 3. Vgl. *ofphano* 104, 3 ebenfalls in δ. Vor einem andern Consonanten und auslautend findet sich nur *h*, vgl. *bouhnen* 2, 10. 4, 12. 19, 7. 159, 1; *uuelih* 3, 3. 32, 5. 6 etc., *sulih* 108, 1 u. s. w.; γ nur schreibt *thooh* 95, 3 und δ *leidlich* 106, 7. Ueber *thi*[*h*] s. S. 22, Anm. 3.

Hierbei sind folgende Unregelmässigkeiten nicht zu übersehn: Die 18 *hh* von *a* gehören alle in den Abschnitt von prol. 1 — 8, 6, das letzte Beispiel *mihhilemo* 8, 6 abgerechnet sogar vor 6, 7. Bis dahin aber finden sich nur 3 *ch*: *tuochum* 5, 13. 6, 2; *sprâchun* 6, 4. Von den 18 *ch* in ʒ fallen 16 zwischen 132, 9 und 145, 14 (z. B. *uuarlicho* 132, 9 etc.; *fluochôtun* 132, 17; *scâcherâ* 133, 9 u. s. w.). Beispiele für die selteneren Schreibarten sind: *sprehhent* 243, 2; *gibrochanne* 18, 2; *ababrâchun* 68, 1; *mânôdsioche* 22, 2; *tûnichûn* 31, 4 etc.; *mihiles* 10, 3; *soliha* 13, 7; *iogiuuelihemo* 15, 3; *sihuueliheru* 15, 7; *sprehan* 34, 3; *suohet* 40, 4; vgl. 47, 6. 54, 9. 67, 1. *solihiu* 78, 2; *mihil* 85, 4. 115, 1. -*ôsônti* 115, 2; vgl. 116, 4. 5. *uuelihé* 125, 9, -*es* 127, 2. *mihilé* 237, 1. Auch hier gehen wieder einerseits ʒ *a'*, andererseits ʒ ð ð́ zusammen.

H = got. *h* fällt inlautend bisweilen aus, so in *hôisten* 3, 5. 7 (3, 7 ist ein *h* übergeschrieben), *hôan* 91, 1; *giueo* 21, 6 (2; das zweite Mal ist *h* nachgetragen); *scinaftiu* 91, 1 (?), vor Consonanten in *nâlichôta* 97, 6 (aber in *glinissi* 91, 1 ist wol ein Schreibfehler anzunehmen). Auch in *fihu* 87, 3; *gisihu* 87, 5 scheint *hu* vom Corrector für blosses *u* gesetzt zu sein. Auffallender ist *gisénté* 121, 1 für *gisehente*. Andererseits drängt sich nach niederdeutscher Weise ein *h* vor vocalisch anlautenden Wörtern ein: *hâhtenton* 32, 2; *héht* 35, 4. 97, 1 (3). 7; *hiuuará* 82, 11; *hivuuih* 82, 12; *hórûn* 89, 5. Ob 102, 1 *hahto* stand, ist nicht mehr deutlich zu erkennen. In *nihhein* 78, 7. 85, 3 (: 6 *nihein(ig)*) und *nohhein* 123, 7. 134, 11. 176, 1. 197, 7 (: *noheiningemo* 198, 4) ist das aus dem Auslaut in den Inlaut tretende *h* zur Bezeichnung der für ersteren gültigen stärkern Aussprache wie *ch* verdoppelt worden.[1]

Betreffs der Liquiden *l*, *r* sowie des Zischlautes *s* ist nur auf die unten im Zusammenhang zu erwähnenden Assimilationen *guollichi* und *annuzi* und den besonders in der Flexion (Adjectivdeclination) und Wortbildung (Comparation) hervortretenden Uebergang von *s* in *r* aufmerksam zu machen, der in *thesér* im gen. dat. sg. f. und gen. pl. auch das stammhafte *s* ergreift: *thereró* 232, 3; gewöhnlich tritt dazu noch Syncope des *e* der Endung: *therrá* (-*o*, -*u*) 76, 4 etc., *therru* (-*o*, -*a*) 13, 5 etc., *therrô* 171, 4. Ausnahmsweise dringt das *r* auch in den nom. *therér* 111, 3. 117, 3 ein, welcher sonst *thesér*, *these* zu lauten pflegt. Ueber die 2 sg. der Verba auf -*is*, -*ist* u. s. w. s. oben S. 11.

Von den Nasalen ist inlautendes *m* wenig Veränderungen

---

1) *Bijâchi* 132, 13 halte ich für blossen Schreibfehler, nicht für Zeichen einer stärkern Aussprache des *h*, die sich mit den oben angeführten Punkten schlecht vertrüge.

unterworfen.[1] Vor *f* wird es in *ð ð'* stets und in *ζ* bisweilen zu *n* geschwächt, so *scinſen* 106, 7. 112, 1; *gilinſan* 218, 4. 220, 5. 227, 2. 232, 1; *gizunſti* 109, 1; *cunſt* 147, 1. 2; *cunſpt* 145, 18; *ungizunſt* 133, 15. In *fimf* und den davon abgeleiteten Wörtern tritt diese Schwächung auch sonst ein, z. B. 13, 1. 87, 5. 88, 2. 89, 5 (2). 108, 3. 131, 25. 138, 9 (neben *fimf* u. s. w. 2, 11. 44, 22. 80, 4. 6 (2) etc.). Im übrigen wird die Lautgruppe *mf* unversehrt erhalten, vgl. *gilimſan* 90, 4. 99, 4. 103, 5 etc.; *scimfitun* 192, 1; *cumſti* 145, 1; *nótnumſtárá* 141, 19; *messezumft* 129, 7.[2] Zur Erleichterung der Aussprache ist ein *p* eingeschoben in *nótnumpfti* (wie zwischen *mt* in *erduompt* 172, 5).

Auslautendes *m* der Flexionssilben, also vornehmlich im dat. pl. und der 1. sg. der Verba auf *-én* und *-ón* ist im T. bereits gröstenteils zu *n* geschwächt. Die schwachen Verba weisen nur diess *n* auf: *sagén* 6, 2. 17, 7 etc.; *habén* 40, 1 etc.; *frágén* 69, 4. 123, 2. 190, 2; *folgén* 51, 1. 4 u. s. w.; *lobón* 67, 7; *lubón* 67, 9; *gientón* 92, 1 u. s. w.[3] Ziemlich häufig ist dagegen in *bim* das ursprüngliche *m* erhalten, etwa 30 mal von 2, 8. 9. 13, 21. 23. 21, 5 an bis 133, 9. 10. Nur diese letzten beiden Beispiele gehören *ζ* an, das wie *ð ð'* sonst überall *bin* hat. Es wird danach kaum einem Zweifel unterliegen, dass die Hand, welche von jenen 30 *bim* 19 in *bin* verwandelte (z. B. 2, 9. 13, 21. 23. 21, 5. 67, 9. 82, 7. 8. 10 (2). 97, 3 etc.), eben die des Correctors *ζ* war, umsomehr als *bin* in *αβγ* nur 3, 6. 19, 8. 47, 4. 87, 2. 6, also zusammen nur 5 mal sich findet.[4] Im dat. pl. kennt *α* ein *m* noch 18 mal: *allém* prol. 3. 6, 7. 7, 10; *thém* prol. 4. 6, 7. 7, 10; *dém* 6, 5 (2); *hóhistóm* 6, 3; *tuochum* 5, 13. 6, 2; *im* 5, 13. 6, 1 (2). 5 (2). 7. 13, 6. Auch in *im* 94, 1 (*γ*) und in dem dativischen Adverbium *simblum* steht *m* noch 97, 8 (*γ*) und 131, 11 (*ε*), Beweis genug, dass diese Altertümlichkeit nicht auf blosser Spielerei der Schreiber beruht, sondern der Vorlage zugeschrieben werden muss, die ich nach dem von Müllenhoff a. a. O. XIII Bemerkten kein Bedenken trage gegen Ende des ersten Drittels des 9. Jahrhunderts anzusetzen.[5]

---

1) Ueber die Assimilation von *mn* zu *mm* oder *nn* und von *nm* zu *mm* vgl. S. 27.

2) *kenphon* 47, 5. 200, 1 ist schwerlich mehr als Schreibfehler.

3) 8, 4 stand als 1. sg. conj. *betón* geschrieben; das *-n* ist mit Recht getilgt. Ebenso kann ich das bei Graff II, 574 aus K. angeführte *lirném* nur als Schreibfehler oder Irrtum betrachten.

4) *bim* belegt Graff III, 14 sonst nur aus Is., Frg. th., K., gl. Jun., der Sippe der gl. K. und Reichenauer Glossen des 8. und 8.—9. Jahrhunderts.

5) Vgl. das. p. XII, 10 v. u. Uebrigens sind von den letzteren 22 *-m* 16 zu *n* radiert.

Des *n* als gewöhnlichen Vertreters eines auslautenden Flexions -*m* ist bereits gedacht worden. Belege dafür kann man auf jeder Seite finden. Als Schwächung der 1. pl. auf -*més* (ein -*m* findet sich nicht) erscheint es 28 mal, wie *furuuerden* 52, 4; *uuollen* 57, 1; *sungun* 64, 12; *uuiofun* 64, 12; *farén* 72, 5 etc., darunter 16 mal mit nachgesetztem Pronomen *uuir*: *sculun uuir* 13, 16; *tuon uuir* 13, 18; *ezzen uuir*, *trinken uuir*, *uudten uuir* 38, 6; *gihôrtun uuir* 78, 4 u. s. w. Diesen entgegen steht 116 mal die volle Form -*més* bei starken wie bei schwachen Verbis, im Indic. wie Conjunctiv und im Praesens wie im Praeteritum; mit nachgestelltem Pronomen in *gémés uuir* 135, 8 und *quarmemés uuir* 235, 3. Unter diesen erscheint nicht weniger als 8 mal, aber nur in ε͡ζ, die merkwürdige, neuerdings von Kuhn[1] scharfsinnig besprochene Form -*nmés* in *uuizunmés* 132, 12 (2) (beidemal ist das *n* ausradiert); *gihalótunmés* 152, 4; *gábunmés* 152, 4; *qudmunmés* 152, 4; *comenmés* 165, 2; *slizénmés* 203, 3 und *gisahvnmés* 95, 1, wo das *vn* vom Corrector herrührt. Graff führt II, 576 noch ein *pirunmés* aus Ib., III, 14 aber aus Sb. an; in den betreffenden Abdrücken finde ich diese Form nicht. Abgesehn von dieser einen Stelle scheint das -*nmés* also nur auf 2 Schreiber des T. beschränkt zu sein. Diess macht denn doch Kuhns Annahme, das -*més* sei nom. pl. des Personalpronomens = *uuir* zu einer sehr bedenklichen. Dazu kommt, dass vor dieser 1. pl. noch sehr gewöhnlich *uuir* steht, z. B. *uuir furlázemés* 34, 6; *uuir quedemés* 123, 2 u. s. w., und in *gémés uuir*, *quæmemés uuir* u. dgl. (welche Beispiele sich aus andern Denkmälern leicht vermehren liessen) wäre dann gar der Begriff des Pronomens 'wir' dreimal hinter einander ausgedrückt! Entweder wird man vielmehr diess -*nmés* als Ausdruck des beginnenden Schwankens zwischen -*més* und -*n* auffassen oder wahrscheinlicher in dem -*n*- ein aus der 3. pl. durch die 2. pl. hindurch eingedrungenes Einschiebsel sehen müssen.[2] Dabei ist freilich zu berücksichtigen, dass die bei T. vorkommenden 2. pl. auf -*nt* abgesehen von *saztút* 135, 21 nur in ιϑ (*gihôrtunt* 30, 1; *tuoment* 39, 1) δδ' (*erstigent* 104, 2; *uuizzunt* 104, 8 (2); *intfâhent* 232, 6 imp.) und am gewöhnlichsten in γ (*uorstantent* 84, 6. 8; *uuizzunt*

---

1) Ztschr. f. vgl. Sprachf. XVIII, 338.

2) Das Ganze für ein blosses Versehen zu erklären, so dass der Schreiber zuerst die für seine Zeit gewiss angemessene Form -*n* setzte und nachher aus seiner Vorlage noch -*més* anflickte, gestattet die Anzahl der vorkommenden Fälle nicht. Auffallend bliebe bei Kuhns Auffassung auch noch, dass die so sehr altertümliche Form -*nmés* sich fast ausschliesslich bei dem Schreiber findet, der sich sonst der relativ jüngsten Sprachformen zu bedienen pflegt.

87, 5. 8; *ingiengunt* 87, 8; *infāhent* 88, 13; *uuollent* 88, 13; *santunt* 88, 11), nicht aber in ⟨ überliefert sind.

Neben dem gewöhnlich auch im pract. nasalierten *stantan* erscheinen Formen ohne Nasal nur 89, 6 *uorstótun* und 104, 7 *forstuotun*. Man wird auch *iugiron* 34, 5. 135, 4. 157, 3, das ganz dem got. *juhiza* entspricht, nicht für einen Schreibfehler zu halten brauchen. Ein nicht nasaliertes praet. von *fāhan* wird durch *intfiegun* 109, 2 (ist ebendaselbst *intfiengun* vom Corrector für *intfiegun* gesetzt?); *phiegin* Denkm. LXXXVI, 4, 36; *inphiegen* ib. 38; *intfiegena* de Heinr. 18; *intphiec* Mainzer Beichte 12 wol hinreichend gesichert; bedenklicher ist mir *intfagana* acceptam 208, 3, worin *fagana* vom Corrector herstammt; *gagantan* 81, 2 wird nur Schreibfehler sein. — Eine wirkliche Ausstossung eines ursprünglich vorhandenen *n* liegt gewis in *cunig* 152, 3. 5; *erdcunigá* 93, 2; *phennige* 109, 3; *phennigon* [1] 138, 2; *suntrigun* 86, 1 vor.

Auffallend häufig zeigt sich im T. Abfall eines auslautenden *n*, zumal in Infinitiven: *fara* 82, 12; *arouge* 90, 4; *uoruuerda* 92, 1; *uuerde* 95, 4 (γ); *sihhoró* 125, 3, [2] doch auch in *unza* 108, 7; *thurstenta* 152, 4; *ei* 154, 1; *bráchí* 211, 1; *forstuomtí* 232, 1. Da sich nun sonst Abfall auslautender Consonanten nach vorausgehndem Vocal nicht, [3] aber wol nach einem andern Consonanten nachweisen lässt (s. S. 11), so wird man diese Erscheinung gewiss nicht einem reinen Versehen der Schreiber Schuld geben, sondern in ihr einen alten Vorläufer der in den neuern fränkischen Dialekten so stark hervortretenden Neigung zur Apocope von - *n* erblicken dürfen (vgl. Scherer zu Denkm. LXXV, 2). Es erübrigen von den Consonanten noch *w* und *j*. [4] *W* wird in der Regel durch *uu* bezeichnet, selten in γ durch *vu* (*iovuiht* 82, 11[a].). Nach *q* wird abgesehn von einmaligem *quuat* 106, 1 stets einfaches *u* geschrieben: *queman, quedan*. Nach *s, th, t, z* wechseln *uu* und *u* in folgender Weise:

	α	β	γ	δ	α′	ε	β′	ζ	δ′
u	7	51	1	—	5	—	—	61	—
uu	1	6	31	22	—	1	—	26	13

Beispiele für die selteneren Fälle sind: *githuahén* 84, 4; *zuuíjdrigu* 10, 1; *zuuéné* 19, 1. 37, 1; (*fur*)*suueren* 30, 1. 2. 4; *thuuengit* 131, 20; für die übrigen vgl. 2, 9. 6, 4. 12, 2. . 19, 4.

---

1) Hier und in *erdcunigá* ist ein *n* nachgetragen. 109, 2 (2) steht *phenningá* auf Rasur; ebenso *suntringon* 109, 2.

2) 82, 12. 90, 4. 125. 3 ist ein *n* teils über-, teils angeschrieben vom Corrector.

3) *thi*[*h*] 155, 4 ist nicht niederdeutsche Form, sondern wie *si*[*h*] 230, 3 verschrieben.

4) *x* steht nur einmal in *sextún* 109, 1. Ob dem *seh*[*s*] 117. 5 und *seh*[*s*]*tá* 198, 3 irgendwelche Bedeutung beizumessen sei, bezweifle ich trotz dem von Graff VI, 153 beigebrachten *sehtin* K. 13 und *sehtún* K. 41.

20, 4. 28, 2. 3. 31, 5 etc. 82, 9 etc. 121, 3. 123, 4. 6 etc. 135, 24 ff. etc. 205, 1. 209, 1. — *uu*: 82, 11ª. 12 etc. 100, 3 (2). 106, 4 (2). 5 (2) etc. 118, 2. 135, 3. 141, 2 etc. 200, 5. 214, 3. 218, 2 etc. [1] Für *wu*, einzeln auch für *uw*, steht in der Handschrift entweder einfaches *uu* oder *uuʳ* (d. h. *uuv*, nicht *uŭ* wie Schmeller angibt, dem ich in der Bezeichnung dieses *uuᵛ* durch *vvu* folge; ζ gebraucht *uŭ*), je nach den Schreibern verschieden häufig:

	α	ß	γ	δ	α'	ε	ß'	ζ	δ'
uu	2	2	13	13	—	—	—	9	4
vvu	32	48	[1]	—	10	3	2	22	—

Vgl. *sciluen* 4, 18; *uuituuá* 7, 9; [2] *uuohsun* 71, 4; *gisuuor* 79, 5; [3] [*vvuolagu* 92, 3]; *rivvua* 18, 5 u. s. w. — Für *vvu* vgl. z. B. 1, 2 (2). 2, 10. 4, 4 etc. 15, 1. 21, 12 etc. 82, 1. 4. 119, 7. 8 etc. 128, 9. 131, 26. 132, 1. 4.˙6. 8. 20. 133. 1. 6 etc. 201, 1. 2; [4] für *uu*: 84, 7 etc. 99, 1. 104, 4. 6 etc. 116, 2. 118, 1. 132, 18 etc. 210, 3. 211, 5 etc. 231, 1. Ein *uuu* finde ich ausser in *uuurm* 95, 5 und *ďuuu* 68, 4 nur für inlautendes *uw* oder *uwu*, besonders wo das erste *u* einem Diphthongen *iu* oder *ou* angehört: *sciluuen* 21, 12; *zesuuud* 28, 2. 3; *zesuuín* 112, 2; *baluuue* 38, 8; *uuituuuá* 49, 2; *treuuua* 141, 27; *riuuua* 232, 2; *scouuuón* etc. 106, 5. 110, 3 u. s. w. und stets in *iuuuer*, *iuuuih* soweit diese überhaupt neben *iuuer*, *iuuih* vorkommen (s. unten). [5] Einfaches *u* für *uu*, sofern nicht einer der oben bezeichneten Consonanten vorausgeht, ist ebenso selten als *vvu* für einfaches *u*: *uolent* 141, 3; *giuesso*, corrigiert in *giuvesso* 146, 5; [6] *givvuorphozit* 81, 1; *vvuollet* 132, 16; *uuituvvuóno* 141, 12; etwas öfter steht *uᵛ* (das ich hier mit *uv* bezeichne) = *w* in *giuváti* 38, 1; *uvort* 58, 2; *giuverbit* 74, 6; *uvárlíhho* 131, 15. 132, 5. — Bezüglich der Stämme auf -*aw* ist zu bemerken, dass ihr nom. sg. nur -*o*, niemals -*u* hat: *snéo* 91, 1 etc.; *garo* 104, 2 u. s. w.; in *bala-rátí* ist das *w* spurlos ausgefallen. Eine Vocalisation des *w* im pract. von *garawen* tritt nicht ein; es heisst nur *garauuita*, *garuuita* 105, 3. 136, 1 u. s. w. Ueber den Wechsel von *w* mit *j* s. unter diesem. Die neben einander

---

1) *tuuuála* 148, 3 und *zuuuá* 149, 2 sind wol nur *twála*, *zwá*, nicht etwa *tuwála* etc. zu lesen.

2) Oder ist hier *witwá* zu lesen?

3) Diess Beispiel ist vielleicht auszuscheiden, da *ß* auch sonst *su* = *sw* braucht; *α* schreibt 4, 15 sogar *suor*, was aber nicht *suór* auszusprechen ist.

4) *uu´rdin* 240, 1 ist Rasur des Correctors.

5) In diesen beiden Wörtern wird in der Regel zwischen dem ersten und zweiten *u* ein Zwischenraum gelassen: *iu uuer*, *iu uuih*. In *ivuuih* 82, 12 scheint *iv* für *hi* gesetzt zu sein.

6) *uuitua* 122, 2 (2) lässt sich nicht sicher hierherstellen vgl. *biscatuit* 3, 7.

herlaufenden Schreibweisen *iuų* und *iuuu* [1] resp. *ouu* und *ouuu* verteilen sich so, dass *a βγ ά ε iuu* und *ouu* vorziehen (5 : 80 : 19 : 6 : 8, resp. 6 : 8 : 4 : 1), letzteres auch *ζ* (3 *ouu* 158, 7. 186, 4. 188, 6 gegen 2 *ouuu* 144, 1. 145, 20), aber *δζδ iuuu* (15 : 81 : 11) und *δ δ' ouuu* (6 gegen ein *ouu* 106, 3). Am meisten Schwanken findet in *γ* statt, das gegenüber seinen 19 *iuu* 5 *iuuu* zählt (*iuuuer* 84, 2. 3. 4. 89, 5. 93, 2); *α α'* haben je 1 *iuuu*: *riuuua* 13, 23, *riuuu* 123, 4, wenn man diess letztere nicht für *riwu* nehmen will (vgl. dieselbe Form 56, 4 und *éuuu* 68, 4). *β* setzt *iuw* nur in *ivvuih* 19, 1; *rivvua* 18, 5; *iuuuer* 19, 6. 40, 6; umgekehrt *δ δ' iuu* nur in *iuuur* 104, 2, *riuua* 107, 4 und *niuui* 213, 1, *ζ* in *gitriuui* 149, 5 (2); *niuui* 160, 2. 3. 6. Zu beachten ist die einmal vorkommende Form *iuer* 132, 11.

J wird wie überhaupt in den althochdeutschen Handschriften auch im T. nicht von *i* geschieden, sofern es nicht vor *i*, *e* durch *g* und vor *u* in *giu* auch durch *gi* vertreten wird. [2] Diese letztere Schreibweise geht durch *α ʃ α'* consequent durch (13, 15. 19, 19 etc. 119, 11); *γ* hat zu Anfang noch einmal *giu* 82, 12, dann nur noch *iu* 88, 5. 97, 3. 4, welche Form zugleich die einzige in *δ ζ δ'* vorkommende ist (28 mal, z. B. 104, 4. 116, 4. 132, 16 etc. und 28, 8 auf Rasur). *g* erscheint vor *i* in *gihih* 42, 3; *bigihu ih* 44, 21 und *bigihit* 13, 12, vor *e* in *bigehentê* 13, 12 und inlautend in *frigé* 131, 13. 15 und einigen andern sogleich anzuführenden Stellen. Ein Wechsel von *j* mit *w* zeigt sich in *sáuuen* = urspr. *sájan* und umgekehrt in *híyi* 147, 1; *hígisgi* 147, 8. 10; *hiienti* [3] gegenüber dem sonst gebräuchlichen *híuuen*, *híuuiski* (z. B. 44, 16. 105, 5. 127, 3 etc.) mit ursprünglichem *w* (vgl. got. *heivafrauja*). Zweimal war für grammatisch zu erwartendes *j* in *sáhit* 87, 8 ein *h* gesetzt, ist aber wieder ausradiert worden.

Das *j* des Ableitungssuffixes -*ja* ist in den schwachen Verbis auf [-*jan*], -*en* nur noch in der 1. sing. ind. des Praesens erhalten: *hórju* 88, 10; *tuomju* 88, 10; *miltju* 89, 1; *thuruhfremju* 92, 1; *bitju* 107, 1. 3; *gihórju* 108, 1; *aruuekju* 117, 5; *sezzju* 133, 12. 14; *uudnju* 138, 10. 240, 2; *sduuju* 149, 7; *selju - n* 154, 1; *sentju* 232, 3. Alle diese Beispiele gehören den drei Schreibern *γ δ (δ') ζ* an: die übrigen haben das *j* auch hier bereits aufgegeben (*toufu* 13, 23; *sentu* 44, 11. 64, 6;

---

1) Ich stelle dieselben wegen ihres wenigstens hier nur graphischen Characters hierher, obgleich sie eigentlich zur Lehre von den Vocalen gehören.

2) Ueber die Aussprache dieses *g*, *gi* vgl. K. Weinhold A. G. §. 215. B. G. §. 176. Aber Notkers consequente *jihu* etc. lassen das Ganze doch eher als eine bloss graphische Eigenheit auffassen.

3) Das zweite *i* in *hiienti* steht in einer grösseren Rasur.

heilu 74, 6; *giheilu* 47, 3 ; *arrofozu* 74, 3 u. s. w.; *forhtu* 122, 2; *gisezzu* 130, 2; *tuomu* 131, 4 (2); *furtuomu* 120, 7; *suohhu* 131, 22 u. s. w.). Aber auch in jenen Teilen ist dieser Verlust bis zu gewissem Grade schon eingedrungen; γ schreibt *giloubu* 92, 5; *aruucku* 82, 7. 9. 11; ðð *giloubu* 233, 3 und den 5 -*ju* in ʒ stehn ·16 -*u* gegenüber: *giloubu* 133, 1. 2; *inkennu* 134, 4; *sentu* 141, 29 etc.; *furlougnu* 161, 5; *leitu* 197, 2 u. s. w.

Abgesehn von einigen vereinzelten Fällen wie *zenió* 77, 4 und *crippea* 5, 13. 6, 2 (: *crippa* 6, 2. 103, 4.); *betteó* 84, 4; *sunteón* 88, 5; *redea* 99, 1 (2: *reda* 21, 3. 62, 12 etc.); *herige* 196, 7 (: *here* 145, 11), welche meist γ zufallen, findet sich ableitendes *j* in grösserer Menge im nom. acc. pl. und instr. sing. der Neutra auf -*i* erhalten.[1] Von ersterem kann ich folgende Formen belegen: *nezziu* 19, 6; *giuuátiu* 91, 1; *giscuohiu* 97, 5; *gistritiu* 145, 4; *gibeiniu* 211, 1; *finstarnessiu* 36, 4. 149, 8, von letzterem *oliu* 138, 12; *uuízziu* 22, 2; *stediu* 236, 1. Weit gewöhnlicher ist auch hier die gekürzte Form: *cunnu* 4, 6 (3); *innuouilu* 4, 18; *giscuohu* 13, 23. 44, 6; *finstarnessu* 119, 12. 125, 11. 207, 1; *uuínberu* 41, 3; *gusu* 43, 1. 2; *gifuoru* 67, 12; *girűnu* 74, 4; *giuuiznissu* 84, 9. 198, 4; *iuhhidu* 125, 4; *gibeinu* 211, 2. 3; instr. *stedu* 70, 3. 77, 3; *uuortbilidu* 175, 3; *giuuátu* 196, 7.

Im Uebrigen ist diess *j* bei folgendem Vocal verloren gegangen und zwar entweder ganz spurlos,[2] wie stets nach langvocaliger oder mit mehrern Consonanten auslautender Stammsilbe (nur 57, 5 steht ein assimiliertes *hórrenne*), z. B. *bliden, breiten, bruogen, ebanbrúchent* 87, 2; *gruoʒen* etc., *bouhnen, brennen* u. s. w. oder nach Spiranten wie *fleuuen, heuen* u. s. w., oder aber nach kurzer einfach consonantisch auslautender Stammsilbe mit Hinterlassung einer (mehr oder weniger durchgeführten) Geminierung des Schlussconsonanten. Nicht belegt ist eine solche bei *d* (= got. *þ*), *m, n, r*,[3] vgl. *reda* 21, 3 etc., *gifremen* 67, 12 ff., *thenen* 46, 3. 81, 4; *uueren* 101, 1. 194, 2 u. s. w. Zur Regel aber wird sie bei den alten Explosivlauten (ausser *th*) und *l*: also (*ar*)*uuekkan* 13, 14 etc., *heuuiskrekco, arrekan: luggi; giuuiggi; skepfan, tropfo* 182, 3; *silba, gotauuebbi, crippa* (6, 2. 62, 12 etc.); *sezzan, sizzan, hei-*

---

1) Vgl. Müllenhoff a. a. O. XIV. Dietrich hist. decl. th. p. 6. 12. Uebrigens ist es merkwürdig, dass im Wesentlichen die Erhaltung eines -*j*- durch folgendes -*u* bedingt erscheint; vielleicht war der ähnlich klingende Diphthong *iu* nicht ohne Einfluss.

2) Natürlich abgesehn vom Umlaute, der hier nicht in Betracht kommt.

3) Aus dem part. *giknusit* 69, 9 etc. lässt sich über *s* nichts entscheiden.

lizen; bitten; bettes; sellen u. s. w.[1] Hier liefert den Beweis oft nicht die Orthographie, die vielfach einfaches *k*, *z* (s. diese) und *l* (z. B. in *selen* 27, 2 etc. stets, ausser *sellenne* 93, 1) setzt, sondern das nicht vollständige Durchdringen der Lautverschiebung (daher *ck*, *pf*, *z*, nicht *hh*, *f*, *z*, vgl. S. 13. 15. 17) und der Eintritt des Rückumlauts im Praeteritum (*salta, thacta, eruuacta* u. s. w.).

Tritt das ableitende *ja* in den Auslaut oder vor einen Consonanten, so geht es in *i* über, ohne dass dadurch seine Wirkung auf den vorhergehnden Consonanten aufgehoben würde. Ersteres ist besonders im nom. acc. sg. der Masculina und Neutra, im unflectierten Adjectivum und im Imperativ der Verba, deren Stamm auf -*ja* ausgeht, der Fall,[2] letzteres wesentlich im Praeteritum der genannten Verba. Bekannt ist die Regel, dass langsilbige Verba im Praeteritum dieses *i* verlieren. Im T. ist diese Regel wie bei Isidor noch bei weitem nicht durchgeführt, sondern es stehn Formen mit oder ohne *i* etwa in gleicher Anzahl nebeneinander und zwar so regellos, dass es schwer sein dürfte, ein bestimmtes Princip herauszufinden. Es finden sich z. B. *zougitin* 144, 1; *sougitun* 201, 3; *bruogitun* 226, 1; *arougita* 229, 2: *araugta* 2, 4; *ruogta* 120, 6; — *giuudtita* 53, 3: *erbeitti* 151, 8; *leitta* 16, 4; *spreitta* 4, 7; *gimdritun* 61, 3: *arriurtun* 100, 6; *fuorta* 117, 3; *hôrta* 4, 12; *lêrta* 17, 8; *ruorta* 48, 2; *ndhita* 49, 2; *uuihita* 7, 7: *suohta* 10, 1; *antlingita* 21, 5; *gihengita* 212, 3; *skimphitun* 60, 13: *thamfta* 99, 3; *antvvurtita* 17, 6: *bigurta* 155, 2; *ambahtita* 15, 6; *dhtita* 22, 18; *inliuhtita* 13, 4: *liuhta* 1, 4; *rihta* 4, 14; *forhta* 11, 3; *heldita* 218, 3; *miltita* 44, 1; *cundita* 60, 8: *uuanta* 16, 2; *santa* 8, 4; *uuermita* 186, 5; *unuuirdita* 112, 3; *uuarbta* 119, 13 u. s. w. Nur da wo im Praes. Gemination sich findet oder im Praet. Rückumlaut eintreten kann, scheint meist die Verkürzung vorgezogen zu werden: *filta* 124, 2; *fulta* 45, 5; *salta* 18, 1; *branta* 2, 3; *inkanta* 80, 8; *namta* 4, 11; *thamfta* 99, 3; *santa* 8, 4; *lacta* 138, 11; *thacta* 152, 3; *uuacta* 137, 1; *sazta* 94, 2; *uualzta* 213, 2; *forsturzta* 117, 2; *custa* 97, 4; Ausnahmen davon sind *arrekita* 227, 3; *antelengita* 104, 5; *gihengita* 212, 3; *giheftita* 79, 1. Beliebt ist die Ausstossung des *i* auch nach Liquiden und Nasalen und bei vocalischem Auslaut der Wurzel: vgl. ausser den schon oben gegebenen Belegen noch *teilta* 97, 1; *heilta* 22, 1; *uudnta* 12, 13; *goumta* 97, 7; *tuomta* 120, 6; *incndta* 91, 5; *crdta* 188, 5; *sdta* 71, 2.

---

1) Einzelne Ausnahmen wie *hugen, legen* (*skclentê* 68, 1, *zele* 67, 12?) können die Regel nicht stören.

2) Die Sache ist zu bekannt, als dass sie der Belege bedürfte. Auch im Folgenden gebe ich der Kürze wegen stets nur ein Citat.

Dagegen bevorzugen mehr als zweisilbige Verba, die also zwischen Stamm und Endung noch eine Ableitungssilbe eingeschoben haben, mehr die vollen Formen: *heilizita* 4, 1; *líchizita* 228, 1; *naffezitun* 148, 3; *fluobrita* 135, 10; *hungrita* 152, 3; *uozzirnita* 196, 7 u. s. w.; doch finde ich auch hier ein *tougilta* 2, 11.[1]

In der unflectierten Form des part. praet. überwiegt die Beibehaltung des -*i*- bei weitem die Ausstossung desselben, die ich nur mit *giruort* 117, 1; *giuuant* 67, 9. 138, 11; *giuuorht* 111, 1 und *erduompt* 172, 5 belegen kann. Die flectierten Formen dagegen zeigen dasselbe Schwanken wie das praet., selbst innerhalb desselben Wortes, wie *gisentidiu* 138, 3 : *gisantâ* 13, 21; *giuuentitê* 39, 7 : *giuuant* 67, 9; *gisezitu* 25, 1 : *gisaztu* 68, 3; *gitoufitemo* 14, 3 : *gitouftê* 64, 9 u. s. w. Ein Zusammenhang mit dem praet. lässt sich darin kaum nachweisen, vgl. *ginemnitan* 4, 12: *namta* 4, 11; *giselitu* 67, 8 : *salta* 18, 1 u. s. w.

Hieran möge sich noch die Besprechung einiger allgemeinerer Puncte anschliessen:

1. **Assimilation** von Consonanten ist bereits mehrfach erwähnt worden. Eine Angleichung eines Nasals an das Organ des folgenden Consonanten ist S. 20 besprochen worden; wirkliche vollständige Assimilation eines Consonanten an einen andern, so dass bei correcter Orthographie Gemination entsteht, lernten wir eben bei *j* kennen. Sonst ist die Consonantenassimilation im T. auf wenige Beispiele beschränkt, in denen *l*, *m*, *n* einen andern Laut sich gleich machten; ersterem Laute fallen *guol-líchí* 111, 3 und *annuzi* 4, 17 etc. zu, welche für *guot-líchí* und *ant-luzi* stehen; letztere Form ist auf T. und Otfrid beschränkt. *m* assimiliert sich ein folgendes *n* in *stemna* (welches nur in α 4, 3. 4. 13, 3. 21. 14, 5, α' 119, 4 und β 53, 6 noch mit *mn* vorkommt), welches dadurch zu der in β γ δ ζ herschenden Form *stemma* kommt. Den Beginn einer umgekehrten Lautwandlung zeigt das Verbum *nemnen*, *ginemnen*, das dreimal in ζ mit *nn* 154, 1. 199, 2. 3 erscheint, sonst aber sein *mn* bewahrt.[2] Aus *nm* geht in *ummaht* 22, 1. 44, 2. 50, 2 etc., *ummahtic* 152, 3 etc. ein *mm* hervor, während dieselben Wörter 88, 2. 103, 2. 44, 5. 78, 6 ebenso wie *unmanagê* 78, 6 den ursprünglichen Bestand aufrecht erhalten. Eine progressive Assimilation von *nd* zu *nn* finde ich endlich noch in *phenning* 109, 2 (2). 3. 138, 2. 9. 193, 1 neben dem ältern *phending* 80, 3. 99, 3. 126, 2. 128, 9.

---

1) Ueber Formen wie *garauuita*, *garuuita* 107, 1. 125, 6 etc. und *biscatauuita* kann man wegen der vocalischen Natur des -*w*- schwanken, ob sie nicht eher zu den kurzsilbigen Verbis zu rechnen sind.

2) Neunmal ist *mn* in *nn* corrigiert: 3, 7. 8. 7, 1 (2). 22, 14. 88, 1. 97, 3. 117, 5. 130, 2.

2. Gemination ist entweder ursprünglich oder entsteht durch Assimilation oder den Ausfall eines Vocales (S. 11). Unorganischer Weise werden besonders nach kurzem Vocal Consonanten doppelt geschrieben, denen nur einfache Schreibung zusteht. Diess gilt zunächst von den schon oben erwähnten Schreibweisen ȝ und ff, den einzigen, welche in grösserer Ausdehnung vorkommen. ff nach langem Vocal kennt nur γ: *toufári* 90, 1. 91, 5; *zuolouffanté* 92, 6; *louffenti* 97, 4. So schreibt γ auch *bettôn* 87, 5 (2). 101, 1; *fatter* 97, 6; *tetta* 100, 3 (2); *nammen* 88, 3; *nemmenti* 93, 3; *nemmenna* 88, 4, sogar nach Consonanten *oftto* 84, 4; *sûfttôta* 86, 1; *santta* 88, 12 (*tuontt* 84, 4 ist nicht ganz sicher); *urccundóno* 98, 2 (vgl. *ckindô* 85, 4 und S. 17 Anm. 1), endlich *fiellun* 91, 3, wo ein *l* getilgt ist.[1] Aus den übrigen Schreibern kann ich nur *offto* 142, 9; *altteri* 141, 15 (2) und *áleibbá* beibringen.

3. Verhärtung auslautender Media ist nicht Regel, wird aber von einigen Schreibern durchaus nicht streng gemieden. Am weitesten ist die Verhärtung bei -*g* verbreitet, z. B. *gigieno* 7, 9; *suorefol* 38, 1. 63, 4; *nidarsteic* 43, 1; *uuek* 106, 1; *zehenzuefalt* 106, 6; *gienc* 131, 26; ziemlich beliebt ist sie in ζ, welches etwa folgende Beispiele liefert: *gibarc* 145, 2; *uuirdíc* 147, 3; *sálíc* 147, 11; *zuogienc* 149, 6; *ummahtíc* 152, 3. 6. 154, 2. 181, 6; *thinc* 153, 4. 189, 1; *burc* 157, 2; *uuec* 162, 1. 2. 3; *berc* 166, 5; *sluoc* 185, 2; *sculdíc* 191, 3; *thinc-hís* 195, 1. 197, 7. 200, 1; *obanentíc* 209, 1. Gleichmässiger verteilt ist -*p* für -*b*: *lamp* 16, 1; *tumpnissi* 84, 9; *giscríp* 88, 13. 129, 7. 185, 5. 9, 229, 1; *selpsama* 102, 1; *halpscritanemo* 104, 4; *gap* 143, 6. Am seltensten ist *d* verhärtet worden: *abasnít* 95, 4; *quat* 105, 1. 106, 1; *uuart* 182, 3; *fant* 16, 4. 88, 5. 96, 2. 3. 99, 3. 102, 2. 109, 1. 121, 1. 133, 1. 135, 9. 196, 1 (vgl. S. 13 Anm. 1). Jedesfalls in Beziehung zu dieser Verhärtung steht es, dass auslautendes -*sc* selten nur sich zu -*sg* erweicht; vgl. S. 18. — Erweichung auslautender Consonanten finde ich nur in *trang* 82, 11 für *tranc* und in *sind* 100, 6, beide mal in γ und nach *n*.

Der Vocalismus zeichnet sich durch eine gewisse Regelmässigkeit vor dem Consonantismus aus. Die Vocale der Stammsilben stehn im Allgemeinen fest. In den Ableitungs- und Endsilben herscht das Gesetz der allmählichen Schwächung der vollen und reinen Vocale zu leichteren, dumpfern und trüberen; weniger macht sich das Gesetz der Vocalassimilation geltend. Es wird demnach hier nur darauf ankommen, für die Stammsilben die wenigen Ausnahmen von der allgemeinen Re-

---

1) Ueberhaupt hat eine nachbessernde Hand die meisten der überflüssigen Buchstaben entfernt.

gel hervorzuheben, für die Endsilben die Ausdehnung der beiden letztgenanten Principien zu verfolgen und festzustellen.

1. Umlaut ist im Tatian wie in allen gleichaltrigen Denkmälern nur bei *a* durchgeführt. Einzelne Ausnahmen sind *asni* 133, 11 = got. *asneis*; *arni* 72, 6; *mahtig* 4, 6. 7. 13, 14. 81, 4. 225, 2; *alles* (alioquin) 163, 4; *allesuuanûn* 133, 6 neben *elles* 56, 7. 8; *zuouuartî* 102, 2. 106, 6; *altirôn* 120, 6; *altiston* 123, 6 (: *menigiron* 87, 9. 124, 3) etc.; überall war hier das *a* durch Position geschützt. Ueber eine Ableitungssilbe hinaus kann ein *i* erst dann auf die Stammsilbe wirken, wenn es den Vocal jener Zwischensilbe verdrängt hat; es heisst demnach noch *zaharin* 92, 5. 138, 11; *garauui!* 31, 3 etc.; *biscatauuita* 91, 3; *bigangeri* 102, 2, aber *bigengiri* 132, 18. 167, 1; *menigi* 2, 3 etc. etc. Unechtes -*i*- in *manigu* 84, 4. 89, 1. 2; *manigiu* 84, 4. 97, 7. 234, 1 bringt keinen Umlaut hervor. Bei *al* ist die umgelautete Form des nom. acc. pl. n. *elliu* 25, 2. 77, 5. 83, 2. 99, 2 und *ellu* 66, 1. 77, 1. 2. 145, 1 viel seltener als *alliu*, *allu*. Umlaut eines stammhaften *u* durch *i* eines enklitisch antretenden Wortes, der bei Otfrid so weit um sich gegriffen hat, findet sich im T. nur bei *meg iz* 134, 3 = *mag iz*. Dass in *dîriuuarta* 186, 4; *gihigita* 188, 6 (*unseri* 199, 12 = *unseru*, -*iu*); *biocherin* 189, 1; 205, 3 trotz des nahen Zusammenstehens der ersten drei Beispiele, kein Umlaut, sondern entweder blosse Verschreibung oder der Ausdruck einer unklaren, dumpfen Aussprache zu suchen ist, lehrt schon *riorta* 88, 1 und die Vergleichung des bekanten otfridischen *ya* für *ua* (Kelle II, 461. — Uebrigens belegt Graff I, 63. 65 noch weiteres *ia*, *io*, *iu* für *uo*.).

2. Brechung von *i*, *u*, *iu* zu *ë*, *o*, *io* geht im T. in der gewöhnlichen Weise vor sich. Ungewöhnlicher steht *ë* für ungebrochenes *i* in *ërô* gen. pl. 6, 4, dem sich *ërû* gen. sg. f. bei Otfrid IV, 31, 35 in allen drei Handschriften vergleicht (Kelle II, 333), ferner in *strëdunga* 113, 2 neben häufigerem *stridunga*[1] 47, 7. 76, 5. 125, 11. 147, 12. 149, 8; *giuuesso* 58, 2. 61, 2. 62, 5. 9 etc. (30 mal) neben *giuuisso* 104, 1. 226, 3[2] in *ôô'*; *mëssalîh* 22, 2 und *mëssezumft* 129, 7 und endlich in *stëmma* 4, 3 u. s. w. und *urrësti* 88, 9 (2). 127, 1. 3. 135, 14. 15 etc.[3]

Seltenere Brechungen von *u* sind *drîzog* 88, 2; *cehenzog* 96, 2 (*γ*) und *trohtin* für *truhtin*; erstere Form steht der Regel

---

1) Das Wort kommt nur im T. vor.
2) 226, 3 ist -*i*- in -*e*- corrigiert; alle übrigen Denkmäler haben nur -*i*- in sämtlichen hier ungeführten Worten; nur der Cod. Sg. 913 schreibt einmal *meslih*, Graff II, 864.
3) Die Schreibung *e*, *æ* für *ë* bespreche ich lieber um den Zusammenhang hier nicht zu stören unter *e*.

nach in $\gamma\delta\zeta\delta'$ (11 : 9 : 37 : 19), selten in α (2, 11. 13, 3. 21), während *truhtín* in $\alpha\beta\alpha'$ herscht (22 : 26 : 12) und nur ausnahmsweise auch in $\delta\zeta$ vorkommt (113, 1 (2); 143, 8. 147, 7). In ähnlichem Verhältnis steht auch die fast ausschliesslich auf den T. beschränkte (Graff I, 85) Nebenform *obar* zu *ubar*. Consequent fehlt die Brechung in *fugalá* 38, 2. 51, 2. 71, 2. 73, 2. *iu* wird der Regel nach nur in *io* gebrochen. Ganz vereinzelt steht *ëu* 131, 20 (vobis) und *trëuuua* 141, 17. Häufiger aber nur in $(\beta)\gamma\delta$ gebraucht erscheint *ëo*: *thëotóno* 21, 12; *uuëo* 87, 2; *tëof* 87, 3; *sëochoró* 88, 1; *sëocho* 88, 2; *uëor* 89, 3. 5; *lëoht* 91, 3; *lëobár* 91, 3; *mánódsëoh* 92, 2; *(thëonón* 97, 7); *rëof* 85, 2. 104, 8; *rëofun* 115, 1 (2); 116, 4. 5. Da das alte *ëo*, semper, im T. bereits in den meisten Fällen zu *io* gekürzt ist (*iogilíh*, *iogiuuelíh* u. s. w.), so trage ich kein Bedenken, da wo dafür noch *eo* erscheint, diess als *ëo* anzusetzen;[1] auch diess *ëo* ist mit Ausnahme von einigen Stellen in *δ* (*nëoman* 104, 9. 106, 1. 115, 1. 116, 1; *nëo* 115, 1; *ëogiuuanân* 116, 6) auf γ beschränkt: *nëoman* 82, 11ª. 91, 3. 4; *ëo* 86, 2; *ëouuiht* 88, 7; *nëo* 97, 7 (2); *ëogilíh* 84, 7. 95, 5. 98, 3. Danach wird man auch 88, 10. 97, 2. 98, 2 etc., wo *i* oder *io* auf Rasur steht, *eo* unbedenklich herstellen dürfen. Ausnahmsweise ungebrochene *iu* in *liuht* 135, 5; *iu* 141, 29; *iugiuuelíh* 141, 29; *niuman* 168, 2, zu denen ich auch *uh* 143, 1, *nuh* 173, 1, *fun* 175, 4 = *oh*, *noh*, *fon* stelle, obwol sie streng genommen nicht hierher gehören, sind sämtlich wie jene *u* in *io* resp. *o* verbessert; doch ist zu beachten, dass alle diese Stellen ζ angehören, was den Verdacht blosser Verschreibung unwahrscheinlich macht.

3. Vocalassimilation trifft ein ursprüngliches *i*, *u* äusserst selten; für *i* kann ich nur *mihhala* 71, 3 und *ríchosón* 95, 5 (dessen *o* noch dazu in *i* umgeändert ist),[2] für *u* nur *murmorónté* 101, 2 anführen. Dagegen unterliegen ihr *a* und *e* in ziemlicher Ausdehnung; ein -*o*-, welches etwa zu -*e* geschwächt werden könnte, findet sich nicht.

Am seltensten übt *u* eine assimilierende Kraft aus; sichere Beispiele gewähren nur die Ableitungssilben mit -*l*- und -*r*- und die mit nur eingeschobenem Hilfsvocal, und zwar für progressive Assimilation nur *gibuluht*[3] 21, 8. 145, 3; *gibuluhtí* 78, 9; regressiv sind z. B. *vvurzulún* 13, 15; *simbulun* 53, 1.

---

1) Möglich, ja wahrscheinlich ist es indes, dass zur Zeit der Abfassung des T. noch *ëo* galt.

2) Ueber Assimilation des Comparativsuffixes -*iro* zu -*oro* s. S. 44.

3) Ich stelle auch Wörter mit eingeschobenem Hilfsvocal hierher, weil diese im Ganzen ebenso behandelt werden wie stammhafte Vocale der Ableitungssilben, obwol genau genommen beide Erscheinungen getrennt werden müsten.

96, 1; 138, 5 (2); *uuiduru* 92, 1. 143, 1. 181, 2; *muruuui*
146, 1; *biuiluhu* 208, 6; *bifuluhun* 108, 6; *foruhtun* 91, 3. 6.
In *uuituvvůn* 78, 7 (2) ist das *u* nach got. *viduró* u. s. w.[1] zu
schliessen ursprünglich und um so auffallender steht daher
uuitauud 118, 1; *uuitaudn* 118, 1. Bei *zesuudn* 112, 2 wird
man das *u* nicht sowol einer Assimilation, als der verdumpfen-
den Kraft des *w* zuschreiben müssen, die in *zesoudn* 112, 2
und *tresouue* 62, 11 (2) als halb, in *zesuuud* 28, 3 und *baluuue*
38, 8 aber als vollständig durchgedrungen erscheint.

Etwas häufiger gieng Assimilation von dem hellen *i* aus
und zwar sowol progressive als regressive. Zur ersteren gehö-
ren *bilidi* 78, 4 etc. (vgl. *uuortbilidu* 175, 3 und *gibilidót*
99, 1), *miliuua* 36, 1 (2); *mittiligart*[2] 74, 3 etc., *mittimen*
230, 3. 233, 5 (: *mittamen* 189, 4; *mittemen* 77, 4); *sibinu*
89, 2; *sibbisamé* 22, 14; zur letztern: *silbiri* 46, 3; *uorligiri*
84, 9; *ubiri* 89, 3. 93, 2. 116, 2; *bigengiri* 132, 8. 167, 1;
hungivita 68, 3 etc., *suntiringun* 74, 3 etc.; *edili* 151, 1. 212, 1;
gibulihti 13, 13. Es vermag sogar ein *i* des zweiten Bestand-
teiles eines Compositums den Themavocal des ersten sich anzu-
gleichen: *sumilih* 110, 1. 111, 1 neben *sumalihhén* 79, 11 (2);
helliuuízes 141, 28; *hellifiur* 26, 4. 95, 5 (: *hellauuízi* 44, 19;
hellephortd 90, 2). Doch kann man bei den letztern schwan-
ken, ob nicht einfache Schwächung des -*a*- zu -*i*- oder aber
ein Stamm *helli* anzunehmen sei.[3] — Formen wie *heilizita*
4, 1. 91, 6; *lichizita* 228, 1; *furnidirit* 64, 3. 193, 1. 242, 4
(neben altem *fornidarit* 39, 2. 62, 2); *fuotirit* 38, 2. 53, 11;
gisúbirit 13, 23. 64, 3 u. s. w. möchte ich nicht unbedingt als
durch Assimilation entstanden auffassen, weil daneben auch
heilizunga 4, 2; *lihhizdri* 34, 1. 39, 6 etc.; *fluobiren* 10, 3;
gisúbiren 46, 2 u. s. w. vorkommt;[4] auffallend ist *heilizinnes*
4, 4, worin das -*i*- der Infinitivendung durch das -*i*- der Ab-
leitungssilbe hervorgerufen zu sein scheint.

Bedeutend ausgedehnter ist die durch *o* bewirkte Assimi-
lation. Die progressive wird durch Beispiele wie *ougazorohtan*
69, 8; *arrofozu* 74, 3; *giuuorphozit* 81, 1; *gicoroné* 109, 3;
gotouuebbi 200, 1. 4 (: *gotauuebbe* 107, 1) genugsam belegt.
Zu beachten ist, dass *ó* stets *forohta* etc. schreibt (212, 2.
217, 4. 5. 218, 3. 219, 1. 230, 1. 2) während die übrigen
Schreiber, wofern sie überhaupt in diesem Wort einen Hilfs-

---

1) Vgl. z. B. *uuituuud* 49, 2, *uuituuuóno* 141, 12.
2) Neben *mittilagartes* 25, 1; *mittilegarte* 104, 1; *y* schreibt 87, 9. 95, 3
und *ʒ* immer *mittilgart*, z. B. 135, 5. 139, 8 (2). 145, 14 u. s. w.
3) Vgl. Dietrich, hist. decl. p. 28.
4) Man müste sonst zu der allerdings unbedenklichen Annahme greifen,
dass das durch Assimilation entstandene -*i*- sich allmählich auch in den
Inf. u. s. w. eingedrängt habe.

vocal annehmen, denselben je nach dem Vocal der Endsilbe bestimmen (*forahta* 104, 3. 145, 15 etc., *foruhtun* 91, 3. 6). In *offono* 104, 3; *offonôn* etc., welches meist *o* hat (z. B. 4, 12. 8, 7. 35, 1 etc., zusammen 17 mal; *offanôn* steht 40, 5. 228, 4. 229, 1 und abgesehn von 132, 12 stets auch in ζ), mögen Stamm und Endung eingewirkt haben. *Samanôn* verdankt die fast durchgängige Erhaltung des -*a*- gewis dem Vocal der Stammsilbe; nur in γ, welches die Assimilation besonders liebt, steht *samonôt* 87, 8, *gisamonôtên* 97, 1 und das sehr auffällige *gisamonâtê* 98, 3, dem sich *betolâta* 132, 5 vergleichen lässt. — Regressive Assimilation an *o* ist sehr gewöhnlich, doch vermeiden sie β und besonders ζ in höherem Grade als die Uebrigen; in β fand ich nur *gizeichonôta* 21, 7. 67, 1. 82, 4; *uuntorôta* 47, 6; *unsûboro* 53, 7; *uuidoro* 67, 6 und *offonôn* 21, 7. 35, 1 etc. (5 mal), neben *uuidaro* 31, 6; *vvuntarôn* 43, 3. 53, 14. 61, 6. 78, 2. 6; *gioffanôt* 40, 5 u. s. w., in ζ nur *gioffonôti* 132, 12; *dougolo* 145, 1 gegen *offano* 134, 2 etc. (6); *offanôn* 132, 19 etc. (8); *gizeihanônti* 139, 8. 194, 3; *giseganôten* 190, 1; *vvuntarôn* 198, 6. 199, 11; *bittaro* 188, 6 u. s. w. Nicht so exclusiv ist *a a'*, das durch *tougolo* 5, 7. 8, 4; *offonôn* 4, 12. 8, 7. 14, 4; *gizeichonôta* 13, 13; *vvuntorôn* 2, 10. 4, 12 etc. (5); *samosô* 14, 1 und *furgoumolôsôtun* 125, 7; *vvurzolôn* 121, 2; *gioffonôtu* 119, 12; *vvuntorôn* 119, 4 etc. (4); *zimborôntê* 124, 5; *sihhorôn* 125, 3 (2). 4; *ilzorôstûn* 125, 11; *aftoro* 127, 2; *samosô* 128, 4 vertreten ist, ohne dass daneben ein *vvuntarôn* u. s. w. vorkommt. Am weitesten aber gehen γ δ δ' in der Assimilation, indem sie nicht nur ein *a* (z. B. in *tougolo* 92, 8; *diuuolô* 92, 8; *betolôn* 108, 2; *arvvurzolôt* 84, 7; *uuidoro* 83, 2. 95, 2. 220, 3; *uuntorôn* 86, 2. 88, 7; *offonôn* 90, 2. 104, 1 etc.; *samanôn* s. oben, *halftonôd* 114, 2; *sabonon* 212, 7; *simbolon* 244, 3; *samosô* 92, 6; und in *uuizogo* [1] 87, 5. 107, 4 etc. (10) u. s. w.), sondern auch -*e*- zu -*o*- verdunkeln: *seohhorô* 88, 1; *rehtorô* 110, 4; *fatoron* 104, 6; *bruodoron* 112, 3; *selbomo* 82, 11ª. 88, 7. 8 (2). 10. 104, 5 (2). 8. 105, 3. 118, 2; *einomo* 109, 3; *thesomo* 110, 3; *suntigamo* 114, 3. 118, 3.

Assimilation an *a* findet sich nur ganz ausnahmsweise in dem bereits erwähnten *mihhala* 71, 3 (wenn diess nicht wie ich glaube nur verschrieben ist), *silabar* 44, 6; *silabarlingon* 193, 3. 4. 6; *fatarâ* 82, 11; 87, 5 (S. 37, Anm. 3), vielleicht auch in *iuuaramo* 96, 4, *niheinagamo* 86, 2. [2]

---

1) Innerhalb γ δ δ' steht *uuizago* nur 92, 1; die übrigen Schreiber kennen in diesem Worte nur -*a*-: überhaupt ist eine Assimilation von -*ago* zu -*ogo* im T. sonst unerhört.

2) Die Assimilation an *e* werde ich erst unten bei der Schwächung des *a* besprechen, von der sie nicht wol getrennt werden kann.

4. Einschiebung von Hilfsvocalen zur Erleichterung der Aussprache tritt abgeschn von dem nur 216, 1 vorkommenden *finistarnessi* neben gewöhnlichem *finstarnessi* 1, 4. 4, 18 etc. und *arabeit* 145, 4. 6 neben *arbeit* 75, 2. 87, 8. 145, 19, *-en* 38, 4, *-ón* 87, 8 (2) u. s. w. nur bei *lh, lht, rh, rht* ein. Gewöhnlich richtet sich der eingeschobene Vocal nach dem vorausgehnden oder folgenden (*gibuluht, bifelahan, biuiluhu*). Unabhängig steht *a* in *uorahten* 91, 3; *berahtnessi* 6, 1. 88, 13; *berahto* 107, 1, während das Verbum *giberehtón* 15 mal das *a* dem Stammvocal, einmal dem *ó* der Endung anglich (*giberohtónti* 238, 5). In *bifelahan* 108, 6. 124, 1. 4. 149, 7. 208, 6; *gibuluht* 13, 13. 21, 8. 78, 9. 145, 13; *ferah* 7, 8. 38, 1 (2). 44, 24 (2) etc., *beraht* und seinen Ableitungen steht der eingeschobene Vocal durch. Neben *uuorahta* 149, 2 (2) findet sich *giuuorht* 111, 1; *giuuorhtaz* 189, 3; neben *ougazorhto* 46, 5 und (*gi*)*ougozorhtón* 164, 6. 177, 4. 235, 1. 237, 6, einmal *ougazorohtun* 69, 8. Bei *forhta* und *forhten* haben nur *γ δ ζ δ'* einen Hilfsvocal, z. B. 91, 3 (2). 6. 104, 3. 145, 15. 171, 7. 212, 2. 217, 4, doch hat *ζ* daneben gewöhnlicher die unerweiterte Form (132, 12. 149, 6 etc.) und auch *δ'* kennt ein *arforhté* 218, 1.

5. Synkope schwachbetonter Vocale in den Ableitungssilben ist vorzüglich den Schreibern *γ δ δ'*, in minderm Grade auch *ζ* eigen; nur sporadisch erscheint sie auch in *α β*: *fluobrá* 7, 4; *gifluobrit* 22, 10; *vvuntrótun* 52, 7; fast regelmässig in *gizimbrón* 43, 1. 2. 78, 9 etc. (: *zimborónté* nur 124, 5) und *garuuen* 4, 17. 13, 3. 21. 57, 7. 125, 6 (*garauuen* 2, 7. 31, 3. 64, 6; die übrigen haben nur *garauuen*). Bei den genannten 2 Schreibern *γ δ δ'* aber fällt der Vocal der Suffixe *-ar, -an, -al* in offener Silbe nach langer Stammsilbe in einer grossen Zahl von Fällen aus: *silbren* 83, 2 (2). 84, 6. 8. 9. 111, 2 etc., *fuotren* 97, 2. 5. 6. 7; *fluobren* 107, 3; *lastrón* 84, 1; *uuntrón* 88, 7. 9. 104, 4. 6. 106, 4. 212, 5. 231, 1; *achre* 97, 6; *scultrá* 96, 2; *altre* 99, 7 (2); *bluostrun* 102, 1; *andré* etc. 87, 8. 108, 3. 211, 2. 219, 2 etc. (cca. 20 mal); *simblum* 97, 8. 104, 2; *taugle* 104, 1; *touglo* 104, 3;[1] *giofnón* 86, 3. 93, 3; *biuéhnóta* 114, 2; *zeihnó* 117, 4; *gizeihnónti* 238, 5 u. s. w. In *ζ* scheinen sich diese Verkürzungen auf *dougli* 187, 2; *simblun* 187, 2 und auf *-ar* zu beschränken: *fluobren* 135, 10. 19; *eckródo* 135, 30. 137, 2. 155, 5. 179, 1; *bifinstrit* 145, 19; *andró* 148, 7 (*andrén* 22, 4 auf Rasur); *hungren* 152, 3. 4. 6. 7; *fuotritun* 152, 4 u. s. w. Synkope eines *i* findet sich, soviel ich sehe,

---

1) Wenn im gen. dat. von *tempal* fast überall das *a* synkopiert wird (*tempale(s)* steht nur 15, 4. 129, a. 131, 26. 209, 1), so ist daran gewis die lat. Form des Urtextes Schuld, welche selbst einige Male im deutschen Text erscheint.

nur in *geislín* 117, 2. Ganz isoliert steht *uuerlt* 90, 5 für *uueralt*, *uuerolt*. /

6. A p o k o p e eines auslautenden kurzen Vocals vor einem vocalisch anlautenden Worte kennt abgesehen von *gih ih* 42, 3; *uuill ih* 239, 3; *nirfuor* 7, 9; *nincnáta* 91, 5; *nerstígu* 104, 2, dem durchgehenden *nist* und von *nibih* 233, 3 nur ζ. Besonders häufig ist Apocope des -*u* der 1. sg. praes. ind. vor dem Pronomen *ih*: *quid ih* 133, 6. 9 etc. (18); *incnd ih* 133, 12; *trink ih* 160, 3; *sentih* 172, 3; *gisih ih* 174, 6; *bittih* 178, 7. 179, 1; *quimih* 178, 5, wozu noch ein *sprih iu* 134, 3 kommt, gegen *gibu ih* 160, 6. 165, 5 (2); *izzu ih* 158, 2; *sprihhu ih* 178, 5; *biuiluhu ih* 208, 6. In α β γ δ α' ε δ' zählte ich 47 Beispiele mit erhaltenem -*u*. Auch Partikeln und Pronomina verschmelzen gern mit einander: *intin* 146, 4 (2); *nibiz* 167, 3. 197, 9; *nibih* 182, 2; *sósih* 160, 5. 6. 167, 9. 178, 7 (vgl. *sóse* 104, 3. 211, 3 statt *sósó*); *thiédiz* 187, 3; *théndir* 197, 2. 201, 3; *thiudir* 224, 4. Ob auch in den zahlreichen *ob ih* 131, 20 etc., *ob ir* 133, 5 etc., *ob iz* 139, 3 (zusammen 36 mal) Apocope anzunehmen sei, ist wegen *ob thú* (81, 3 auf Rasur) 135, 12. 20. 198, 1. 205, 4 und *ob her* 135, 15. 150, 3. 205, 3 fraglich; doch gebraucht ζ ausserdem noch 39 mal die volle Form *oba*. Eine dem *thih* 177, 3 = *thia ih* analoge Synkope kenne ich sonst nicht im T.

7. Eine Art K r a s i s entsteht ebenfalls nur in ζ beim Antritt des Pronomens *in(an)* und *iz* an vocalisch auslautende Worte; sie ist durch folgende Beispiele belegt: *sié-n* 134, 6. 135, 34. 189, 1. 200, 4; *thié-n* 138, 7; *santa-n* 134, 8. 187, 6. 196, 3; *salta-n* 199, 13; *seliu-n* 154, 1; *uuidarsanta-nan* 196, 7. — *thú-z* 81, 3 auf Rasur; *só-z* 135, 17; *thanne-z* 156, 6. 165, 7. 174, 5; *uuanta-z* 185, 11. 211, 1; *forliese-z* 139, 3; *sagéta-z* 145, 17; *heilta-z* 185, 6; *tuo-z* 159, 4.

8. Q u a n t i t ä t. Lange Vocale der Stammsilben werden in α α' ε häufig mit dem ˆ bezeichnet. Da ich nur zwei falsche Bezeichnungen nachzuweisen vermag (*gibóran* 8, 2 und *bruohhálh* 13, 11), so glaube ich dem zwar nur einmaligen *ír* 127 4, eine gewisse Bedeutung nicht absprechen zu dürfen. Die Accente der übrigen Schreiber haben, wie bereits oben bemerkt ist, keinen wesentlichen Wert. Doppelschreibung zum Ausdruck der Länge begegnet bei δ ζ in *leerta* 104, 4 und *geet* 139, 10, öfter in γ: *eer* 83, 1. 85, 4. 88, 2 (mit ausradiertem ersten *e* noch 90, 6. 91, 4); *eeré* 84, 2; *eerét* 84, 3. 5; *see* 84, 4 (84, 1 ist in *see* das zweite *e* getilgt und ebenda steht das *ie* von *sie* auf Rasur vom Corrector geschrieben); *meer* 88, 6; *geet* 92, 2. 94, 2; *huus* 84, 5; *gicoos* 82, 12; *giboot* 90, 3. 91, 4; *toot* 92, 6. *Driü* 91, 2, *thriü* 98, 2, *friiu* 93, 3 sind wegen *thriü* 57, 3 (2). 128, 10. 161, 4; *driü* 188, 6, *friietag*

211, 1, *fiiant* 4, 16. 67, 5 etc. wol eher für *drijô, thrijô, friju* zu nehmen, vgl. *frigé* 131, 13. 15; *frigetag* 215, 1. Für *d* stand 100, 1 *aha* in *gitahan*, doch ist das *h* durch Rasur entfernt worden.

Von den Vocalen, zu deren Besprechung im Einzelnen ich nunmehr übergehe, ist *a* den meisten Veränderungen ausgesetzt. In den Stammsilben wird sein Umfang durch den Umlaut, in den Ableitungssilben durch Assimilation und Synkope beschränkt. Als vierter Factor kommt noch die S c h w ä c h u n g hinzu, die sich auf unbetonte Vor- und Endsilben in gleicher Weise erstreckt. So wird das alte *ga-* regelmässig zu *gi-,* [1] *ant-* zu *int-* (vgl. *intfáhan* : *ántphengi* 18, 2. 78, 5), *za-* zu *zi-,* [2] *far* zu *fur, for, fir* (und vor *l* zu blossem *f* in *fliosan*; vgl. oben S. 16); *ar-* widersteht der Schwächung zumeist; nur ζ setzt consequent von 133, 10 an bis 211, 2 einige 70 mal *er-*, ohne jemals *ar-* zu gebrauchen. [3] Mit 213, 1 *arhangan* beginnt δ' dann wieder die *ar-*, die es mit Ausschluss von *erbruogité*, 217, 4 bis 237, 1 beibehält (cca. 30); die letzten fünf Beispiele bieten auffallender Weise wieder *er-*: *ersteig* 237, 3; *erstuont* 237, 6, *erstantan* 241, 2; *ilferhabenén* 242, 2; *eruueiz* 244, 2. Sonst findet sich nur noch einmal *nerstigu* 104, 2 in δ.

Got. -*a* im nom. sg. der schwachen Masculina ist mit wenigen Ausnahmen (*furira* 38, 1; *vurista* 94, 3) in -*o* übergegangen.

Auslautendes -*a* schwächt sich ausnahmsweise bereits zu -*e* in *nobe* 84, 4; *uuande* 104, 2; *uuante* 104, 2 (das -*te* auf Rasur vom Corrector; ebenda auch das -*ta* von *uuanta*). Bedeutender an Zahl, aber auf αβγ eingeschränkt, sind die Beispiele von -*e* im (nom.) acc. sg. der starken Feminindeclination: *gruobe* 84, 7 (vom Corrector in -*a* geändert); *fuzze* 87, 3; *sine* 9, 2. 3; *thine* 27, 1; *alle* 13, 2; 17, 8 (90, 5 ist es in -*a* verbessert); besonders *sie* 5, 7. 28, 1. 3. 96, 5; corrigiert in *sia* 28, 3. 29, 2. 85, 3. 90, 5; vgl. noch *sia* 85, 3. 88, 8. 103, 5 ganz oder teilweise auf Rasur vom Corrector; *thie* 19, 8. 29, 2. 40, 9. 96, 5. 103, 2 u. s. w., namentlich als Artikel, öfter auch in *thia* verbessert. Man wird auch unbedenklich *alla* 49, 6. 90, 5, deren -*a* auf Rasur steht, hierher ziehen dürfen.

Aehnlich verhält es sich mit der Schwächung des acc. sing. m. der starken Adjectiva, nur dass γ hier noch mehr in den Vordergrund tritt: *niomannen* 13, 18. 131, 4; *thesen* 90, 3; in *quementen* 90, 6; *neomannen* 91, 3 sind die Endungen in -*an*

---

1) Als Ausnahmen finden sich *geleitit* 145, 13, *gohôrta* 79, 3; (vgl. über *go-* Haupt bei Müllenhoff u. Scherer, Denkmäler p. 302 f.) und' *gloubit* 88, 8 ; *glihnessi* 91, 1. 122, 1. 126, 3.

2) *ze* steht einmal 104, 2.

3) *erloubit* 68, 3 fällt dem Corrector ζ zu.

gebessert, in *úfstígantan* 82, 11*, *ebanlíchan* 88, 6 und *halzan* 95, 4 stehen sie auf Rasur. Im unflectierten part. praet. finde ich *gisalzen* 95, 5 (2) in -*an* corrigiert. Der Infinitiv starker Verba behauptet in der Regel noch sein -*an*, α β γ lassen aber auch hier öfter bereits -*en* eintreten: *scríben* prol. 3; *faren* 11, 3; *vouofen* 49, 3; *giuehen* 67, 6; *quemen* 125, 2. 5. 129, 4. 131, 6. 7; *gisehen* 125, 3; zu γ gehören *biquemen* 82, 11*; *uorldzen* 89, 1; *uuesen* 90, 2; das *e* ist in *a* verwandelt in *úzuuerfen* 92, 8; *uuesen* 94, 3; *sprechen* 95, 2; *ingangen* 95, 4; *uuerden* 95, 5; Rasuren des -*an* oder nur des -*a*- finden sich noch in *quedan* 83, 1; *ezzan* 84, 1; *uuerdan* 85, 4; *trinkan* 87, 2; *uuesan* 88, 2; *arslahan* 92, 1; *uaran* 90, 4; *arstantan* 90, 4; *queman* 90, 5; (*in*)*gangan* 97, 6. 101, 2 und *gifehan* 119, 2 (α′). Der flectierte Infinitiv weist 56 -*anne* (z. B. 4, 9. 17. 40, 7. 60, 18. 104, 5 (2). 7. 138, 8. 147, 12 etc.; nicht in γ), 3 -*anna* (*ezzanna* 87, 8; *uorldzzanna* 100, 2; *arslahanna* 101, 2) und ein *artríbannes* 100, 4 auf gegenüber 8 -*enne* (*forliosenne* 9, 2. 129, 1; *fliohenne* 13, 13; *forldzenne* 18, 2. 54, 7; *bilinnenne* 122, 1; *arslahenne* 131, 15. 16) und 4 -*enna* (*nemenna* 85, 4; *uuerfenna* 85, 4; *nemmenna* 88, 4 und *ezzenna* 87, 8, letzteres wie es scheint vom Schreiber selbst aus -*anna* gemacht). Ueber *arslahanne* 88, 6; *lázzanne* 100, 4 lässt sich nicht sicher entscheiden, da beidemal die Endungen -*anne* dem Corrector zufallen; doch ist bei *lázzanne* unter dem -*a*- noch ein -*e*- erkennbar. Auch diese Schwächung ist nur auf α β γ α′ und ε (zweimal 131, 15. 16) beschränkt. Die ganze Erscheinung befremdet um so mehr, als α β γ α′ sonst im Gegensatz zu δ ζ δ′ im Allgemeinen auf älterer Stufe stehn [1] und es gerade der teilweise jüngste Corrector ist, welcher vollere Formen in jene Partieen hineincorrigierte. Scherer [2] meint mit Beziehung auf das bereits in der Hamelburger Markbeschreibung von 777 vorkommende *thie* = *thia* u. s. w., dass die Sprache des gewöhnlichen Lebens im Gebrauche jüngerer Formen viel weiter fortgeschritten war, als uns die Mehrzahl der literarischen Denkmäler ahnen lasse, dass also in diesen eine künstliche Conservierung des Alten müsse stattgefunden haben und diess ist ohne Zweifel die richtige Erklärung, für welche ganz besonders die Correcturen sprechen.

Weiter um sich gegriffen hat die Schwächung des -*a*- in den übrigen Formen des starken Verbums; die 1. pl. ind. praes. kennt ein -*a*- nur in *faramés* 82, 12 (und adhortativ 6, 4; vgl. Müllenhoff, Sprachproben, Vorrede), sonst hat sie -*emés* z. B. 119, 6. 123, 2. 136, 3. 185, 1. 235, 3 etc.; für die 2. pl. ist -*et* die gewöhnliche Endung; die einzige sichere Ausnahme

---

1) Vgl. S. 29 u. a.
2) Denkmäler p. 472.

macht *gischat* 82, 11ª (-*a*- in -*e*- corrigiert), vielleicht auch *uuollet* 82, 12, dessen -*et* vom Corrector herstammt. Etwas öfter ist -*ant* für die 3 pl. bezeugt: *ezzant* 84, 4. 85, 4 und vom Corrector in -*ent* verändert in *ezzant* 84, 1; *uuerdant* 96, 2; *gifâhant* 100, 6. Da aber alle diese Formen nur in γ sich vorfinden, so ist es zweifelhaft, ob das -*a*- nicht vielmehr als ein unechtes (vgl. S. 41) zu betrachten sei. Im Participium Praes. der starken Verba, dessen Grundform -*anti* ist, fiel das -*a*- gewiss unter dem Einfluss des -*i* frühe der Schwächung zu -*e*- anheim. Ein vorherschender Gebrauch von -*anti* findet nur in α statt: 4, 12. 13. 5, 1. 9. 8, 1. 4. 9, 4. 11, 1. 12, 2. 3. 4 u. s. w. (zusammen 23 -*anti* gegen 18 -*enti* 2, 4. 11. 6, 3. 5. 7, 10. 8, 6 (2) etc.). Unter den 100 Participialformen von β sind nur 32 -*anti* (20, 1. 21, 12. 22, 7. 38, 6. 44, 4. 8. 49, 5 etc.); ' γ zählt 13 -*anti* (82, 11ª. 84, 5. 86, 1. 87, 4. 88, 11. 89, 4 etc.) gegen 43 -*enti* (84, 1 (2). 5. 85, 2. 3. 4 etc.), δ 3 -*anti* (106, 1. 114, 1. 116, 4) gegen 34 -*enti* (104, 4. 8. 105, 2 (2). 106, 1. 4 etc.); α' 12 -*anti* (120, 4. 123, 1. 2. 4. 125, 6 etc.) gegen 16 -*enti* (119, 14. 121, 1. 2. 122, 2 (2). 3 etc.); δ' 2 -*anti* (217, 2. 221, 1) gegen 7 -*enti* (215, 2. 218, 4. 222, 2 etc.); ε 3 -*enti* (131, 12. 132, 1. 4) und endlich ζ 102 -*enti*, kein -*anti*.

Die schwachen Verba endigen im Infin. bereits gröstenteils auf -*en*, flectiert -*enne*; ausnahmsweises -*an* haben noch α in *arfirran* 2, 11; *forhtan* 5, 8; *aruuckkan* 13, 14, γ in *sezzan* 91, 1 (2); *uorcoufanne* 91, 2, ζ in *cussan* 138, 12; *erhefanne* 139, 9; *gilouban* 145, 17. 18 und auffallenderweise besonders δ δ': *duoman* 104, 6; *sentanne* 108, 7; *gilcitan* 109, 1; *heilanne* 110, 1; *suochan* 114, 2; *forohtan* 217, 5. 223, 2. 230, 2; *ruoran* 221, 6; *giloubanne* 227, 1; *gifullanne* 231, 3. Im part. praes. ist -*anti* auf αγ beschränkt: *forhtantén* 4, 6; *sizzantan* 12, 4; *selanti* 82, 12; *antuurtanti* 85, 3. 87, 4. 5. 88, 7; *liuhtanti* 88, 11; *miltanti* 99, 2; *unuuirdanti* 103, 3.[1] Alle übrigen kennen nur -*enti* und β α' -*inti* in *antlinginti* 47, 4. 57, 2. 59, 3. 124, 7. 123, 2 neben *antlingenti* 63, 4. 64, 3. 74, 4 etc.

Gehen wir nun von den Flexionssilben auf die Ableitungssilben über, so ist zu bemerken, dass auslautende -*ar*, -*al*, -*an*,[2] -*ah*, -*ag* in der Regel den reinen Vocal bewahren. Ausgenommen sind davon die Verwantschaftsbezeichnungen *fater*,[3] *muoter*, *tohter*, *suester*, *bruoder*, die überhaupt nur in wenigen

---

1) Vielleicht auch *druoanti* 91, 5, vgl. *thruotun* 102, 1: *druoét* 92, 2; in *liuhtenti* 85, 3 steht das -*e*- auf Rasur.

2) Ausnahmen beim Infinitiv und Part. Praet. s. oben.

3) *fatará* 82, 11. 87, 5 ist deswegen wol richtig oben zur Assimilation gestellt.

38

Denkmälern mit -*ar* erscheinen (2 mal *fatar* Graff III, 376 und
4 mal *bruadar*, Graff III, 300, wo die Citate aus Otfrid zu
streichen sind), und *ander* [1] und *after*, als kleine Unregelmässig-
keiten sind *súbernessi* 45, 4 neben *súbarnessi* 7, 2. 21, 3; *mei-
ster* 87, 8. 93, 2 neben *meistar* 13, 17 etc.; *uuazzer* 89, 4.
92, 2 zu betrachten. Bei *ebenlih* 32, 6 und *ebenscalkes* 99, 4,
den einzigen Beispielen für -*en* ausser dem Inf., kann Assimi-
lation mitgewirkt haben. In *iuuar*, *unsar* überwiegen der Ge-
samtzahl nach die geschwächten Formen auf -*er*, aber in
ungleicher Verteilung, so dass $\beta\gamma\epsilon$ die vollen -*ar* vorziehen
(β: *unsar* 34, 6; *iuuar* 22, 17. 32, 8. 9. 10 etc. (12): *iuuer*
38, 6. 40, 7. 44, 8 (2). 56, 3; *unser* 34, 6; γ: *iuuuar* 84, 2.
3. 4. 89, 5: *iuuuer* 93, 2; ϵ *iuuar* 131, 18. 24 (2): *unser*
131, 16), in α' ein *iuuar* 121, 4 einem *unser* 128, 2, in δ'
ein *iuuar* 104, 2 vier *iuuer* 108, 5 (2). 112, 3 (2) gegenüber-
steht, ζ endlich nur *iuuuer*, *unser* gebraucht; von $\alpha_i\gamma'\delta'$ sind
keine Beispiele vorhanden. — Etwas complicierter werden die
Verhältnisse, sobald diese genannten und ähnliche Suffixe in den
Inlaut treten, indem sie alsdann in den Bereich der vocalischen
Assimilation und der gänzlichen Ausstossung fallen, deren Um-
fang oben bereits kurz dargelegt worden ist. Es bleiben daher
hier nur die von diesen beiden unabhängigen Schwächungen
des *a* und die Assimilation an *e* zu besprechen.

1. Nicht assimiliertes -*a*- vor einem *a*, *i*, *o*, *u* der folgen-
den Silbe kann entweder unverändert fortbestehn (vgl. z. B.
zaharin 92, 5. 138, 11; *fagari* 179, 2; *giuuáfanin* 183, 1; *an-
daru* 71, 3. 5. 82, 3; *bluostarun* 128, 4; *unebanu* 13, 3; *heida-
non* 44, 3; *reganôt* 32, 3; *giseganôten* 190, 1; *lachanon* 220, 4;
managô 106, 3 etc.; *bittaro* 188, 6; *iuuaran* 22, 16 etc.; *unsara*
119, 6 u. s. w.) oder zu einem leichtern Vocale herabsinken,
welcher meist -*e*-, seltener -*i*- ist: *unsúbiro* 57, 6; *scultirún*
141, 2; *manigu* 84, 4. 89, 2; *manigiu* 84, 4. 97, 7. 234, 1; [2]
— *uuidero* 104, 3. 151, 11; *federachá* 142, 1; *manegiu* 90, 4;
zisamena (corrigiert in -*ane*) 100, 3. Vorzüglich beliebt ist -*e*-
in den betreffenden obliquen Casus von *ander*, *iuuar*, *unsar*, ja
bei ersterem mit Ausnahme von *andaru* 71, 3. 5. 82, 3 ganz
durchgeführt [3] (*anderan* 8, 8. 37, 1. 2 etc., *andera* 44, 15 etc.;

---

1) Nur 87, 2 war *andar* geschrieben.
2) Hier könnte jedoch Assimilation im Spiele sein; übrigens stelle ich
auch *einiges* (unigeniti) 119, 11 trotz des folgenden -*e* hierher; über *heili-
zunga* für *heilazunga* s. S. 31.
3) Der Grund dafür scheint in einer Abneigung gegen allzugrosse Ein-
tönigkeit zu suchen zu sein, wie sie in *andara* etc. entstünde; denn Formen
wie *andaré* oder umgekehrt *iuuará* werden keineswegs vermieden. Uebrigens
ist das Eindringen dieses -*a*- in die kürzere Form des gen. dat. sg. f. und
gen. pl. von *iuuar*, *unsar*, wie *iuuará* 13, 14; -*u* 131, 5; -*o* 131, 8 etc., zu

-*á* 124, 3; -*az* 189, 3; -*ó* 149, 2. 4. 5; -*iu* 69, 5 etc.; -*u*
192, 2); von den beiden letztern können ζ *ð* ebenfalls nur For-
men mit -*c*-, z. B. *iuuuera* 23, 1 (auf Rasur), -*u* 134, 8 etc.;
-*d* 145, 7; -*an* 174, 6 etc.; -*iu* 230, 4; *unsera* 134, 2 etc.;
-*iu* 199, 12 (zusammen 18 mal); in *α ð α'* und noch mehr in *β*
überwiegen die -*a*- (*unsara* 119, 6, *iuuard* 13, 14. 18. 121, 4,
-*u* 131, 5. 6: *unseró* 4, 16; -*d* 4, 18; *ð unsariu* 115, 2; *iuuariu*
106, 7: *unseron* 113, 1; *iuuaran* 22, 16 etc.; -*d* 32, 2 etc.,
-*u* 25, 3 etc., *unsara* 34, 6 (etc., 14): *iuueran* 39, 3; -*u* 74,
7 (2); *unserd* 82, 5) und ganz allein finden sich diese in *γ ε*
(*hiuuard* 82, 11; *iuuariu* 87, 8; -*an* 92, 8; -*d* 100, 4; *unsara*
87, 5; — *iuuaro* 131, 8.

2. Vereinzelte Verdumpfung von *a* zu *o*, *u* durch Einfluss
eines -*w* ist schon S. 31 erwähnt. Eine ähnliche trübende Kraft
übte *l* in *uuerall* auf das ursprünglich zwar einer Stammsilbe
angehörige aber nicht mehr richtig verstandene -*a*- aus (vgl.
uuerellt 132, 19, was schwerlich einen Umlaut des -*a*- enthält);
uuerolt steht in *αα'* 4, 8. 15. 119, 10 (3). 12. 127, 3 (2) und
stets in *β*, z. B. 62, 8. 75, 3, vgl. *uueroltuuolún* 37, 2; die ältere
Gestalt haben *αα'* 13, 4. 5 (2). 131, 8 (2) und ζ *ð* stets erhal-
ten, z. B. 133, 8. 134, 8.... 242, 2. 3; *γ* schreibt 90, 5 *uuerlt*;
sonst kommt das Wort in *γ ð ε β'* nicht vor. Bei *halón* ist die
Verdumpfung zu *holón* erst im Entstehen begriffen: *giholóta*
22, 5. 125, 1; *gihold* 98, 2 stehen 35 maligem *halón* gegenüber.
Ganz unmotiviert scheint *u* in *sabun* 155, 2 neben *sabane* 155. 2.
185, 12, *sabanu* 185, 12 und in der nur dem T. eigenen Form
sambuztag 103, 3 (2). 4 [1] neben öfterem *sambaztag* zu stehen. —
Dass got. -*an* im acc. sg. der schwachen Masculina wie all-
gemein im Althochdeutschen zu -*on* geworden ist, braucht kaum
bemerkt zu werden. Auffallender ist, dass dieses -*on* in *theis-
mon* 89, 4; *namon* 134, 3. 142, 2 und einmal sogar -*an* in
naman 164, 1 als Dativendung sich zeigt.

3. -*a*- vor dem -*e*-, -*é*- einer folgenden Silbe bleibt ent-
weder bestehn oder wird zu *e*. [2] Es fragt sich, ob man diese
Erscheinung als einfache Schwächung oder als Assimilation auf-
fassen solle. Eine genauere Betrachtung der vorkommenden
Fälle wird meiner Ansicht nach für das erstere entscheiden,
wenn man auch für einzelne Stellen vielleicht Assimilation
zugeben muss, die sich ja für andere Denkmäler wie Otfrid
nicht leugnen lässt. — Am zahlreichsten sind Beispiele von

beachten, ein deutlicher Beweis, dass die Endung jener Casus -*erá*, -*eru*,
-*eró* bereits kurzes -*e*- hatte.
1) In *sambaztag* 88, 3. 4 scheint *az* vom Corrector nicht sowol für *uz*
als für *us* gesetzt zu sein, vgl. S. 14.
2) Die einzigen Ausnahmen sind *einiges* 119, 11 und die S. 31 bespro-
chenen Infinitive auf -*iren* == altem -*arjan*.

-*are*, -*ere* vertreten und zwar beide in fast gleicher Anzahl (52 und 53) bei folgender Verteilung:

	α	β	γ	δ	α′	ε	β′	ζ	δ′
are	7	26	4	1	7	4	—	3	—
ere	3	19	2	3	5	—	—	14	8

Hieraus ergibt sich, dass γ, welches sonst, wie oben nachgewiesen, Vocalassimilation in hohem Grade liebt, hier in der Mehrzahl von Fällen das alte -*are*- bestehn lässt (*unsaremo* 87, 3; *uornidarét* 96, 1; *iuuarén* 99, 5, -*es* 100, 4: *altere* 88, 12; *hungere* 97, 3) und zweitens, dass das der Assimilation am meisten abholde ζ sich hier der nicht gleichvocaligen Formen nur in verschwindend geringer Zahl bedient (*fingare* 141, 25; *liodares* 145, 15; *fluobareri* 165, 4). Der Schreiber müste dann, wenn wir trotzdem hier Assimilation annähmen, von seiner Gewohnheit gerade bei dem Vocale abgewichen sein, der wegen seiner Farblosigkeit wol am mindesten geeignet war, volltönenderen Vocalen von seiner Klangfarbe mitzuteilen. Dagegen stimmen diese Verhältnisse sehr gut zu dem sonstigen Charakter von γ als einem etwas ältern und von ζ als einem mehr abgeschwächten Dialekte. Auch die übrigen Schreiber, namentlich auch δδ′, welcher in Beziehung auf Abschwächung der Endungen mit ζ ungefähr auf einer Stufe steht, fügen sich leicht dieser Auffassung, welche durch Vergleichung der unter 1. behandelten Schwächung von -*ar* vor andern Vocalen und durch die allgemein bekannte Tatsache der Unsicherheit des Vocalismus bei *r*, wenigstens für diesen Fall bestätigt wird. — Von andern Schwächungen begegnen *meleuue* 74, 1; *treseuue* 41, 5. 77, 1. 5; *senefes* 92, 8; *arlesené* 76, 4; aber hier kann, wenn man nicht blosse Schwächung annehmen will, eine progressive Assimilation von der hochbetonten Stammsilbe ausgegangen sein, wie sie durch *zeseuud* 185, 2; *uuerelti* 132, 19; *gisegenót* 4, 3 (3). 142, 2. 152, 3; *regenóta* 147, 2 u. a. bezeugt wird. Ferner steht 46, 1 und in γδ 14 mal (z. B. 87, 9. 88, 2. 89, 5 etc.) *manegé*, -*én* gegenüber 61 maligem *managé*, -*én* etc.; γ aber weist daneben auch *manegiu* 90, 4; *manigu* 84, 4. 89, 2; *manigiu* 84, 4. 97, 7; *menigirun* 87, 9, überhaupt aber ausser im unflectierten nom. *manag* 89, 1 kein -*a* bei diesem Worte auf; da ausserdem hier das -*a*- der Ableitungssilbe ganz tonlos ist,[1] so kann eine vereinzelte Schwächung nicht befremden. Dann verbleiben noch *mittemen* 77, 4 neben *mittamen* 189, 4 und *mittimen* 230, 3. 233, 5 (wo vielleicht das ableitende -*j*-, vgl. skt. *midh-ya-ma*, wie im Infinitiv und Particip der Verba auf -*jan* die Abschwächung beförderte); *forlázenén* 76, 3. 118, 4. 182, 6 und *úfer*-

---

1) Soweit ich sehe, kamen im Vorhergehenden ausser bei *iuuer* neben *iuuer* und *furnidaren* nur tieftonige Ableitungssilben in Betracht.

habenén 244, 2 übrig, um derentwillen man aber wol das ganze
Princip nicht aufzugeben braucht. Der Umfang der unbetonten *a*, der durch die behandelten
Schwächungen etc. sehr beeinträchtigt wird, erhält eine kleine
Erweiterung durch das Eintreten eines unorganischen *a* für ton-
loses oder stummes auslautendes *e*. Diess *a* aber erscheint nur
in *γ*,[1] hier jedoch ziemlich häufig: es steht z. B. bei Partikeln
wie *thanna* 87, 6. 95, 5. 96, 3; *danna* 90, 6, im Conjunctiv,
uuerda 82, 11*; *uuesa* 85, 4; *giueha* 87, 8; im flectier-
ten Infinitiv, *uorldzzanna* 100, 2; *nemenna* 85, 4. 88, 4; *uuer-
fenna* 85, 4; *ezzanna* 87, 8 (2). Noch öfter ist vom Cor-
rector das gewöhnliche -*e* dafür eingesetzt: *uuanna* 89, 5;
thanna 87, 5. 95, 4. 98, 2; *uorsacha* 90, 5; *uuolla* 90, 5; *gi-
limpha* 91, 4; *morgana* 92, 1; *taga* 93, 1; *uuega* 94, 1; *bi-
suuicha* 95, 4. 5, *salza* 95, 5; *zisamena* 100, 3; *zisceida* 100, 3.
Wahrscheinlich fallen demnach auch *danne* 88, 2; *thanne* 88, 8;
sente 88, 2; *uuolle* 90, 5; *bifdhe* 100, 6 u. s. w., deren -*e*
vom Corrector für einen andern nicht mehr lesbaren Vocal
gesetzt ist, hierher. Ein solches *a* für den Inlaut weiss ich
nur durch *halzaró* 88, 1 gen. pl.[2] und die zweifelhaften For-
men der 2. 3. pl. praes. ind. starker Verba zu belegen, die ich
S. 37 angeführt habe.

d behauptet wegen seiner Länge sich in grösserer Integri-
tät als *a*. Vom Umlaut wird es noch nicht berührt, dagegen
unterliegt es in *γ* einigen auffallenden Schwächungen in *thanen*
90, 4 für *thanán*, wozu man gewis ohne Bedenken *uuanan* mit
-*a*- auf Rasur stellen darf,[3] und im nom. pl. der Masculina
auf -*ari*; so *betere* 87, 5; *buochere* 91, 4; *asnere* 97, 5; *scri-
bere* 101, 2; alle diese -*e* sind vom Corrector in -*á* geändert;
buochera 91, 6, wo die ganze Endung -*era* auf Rasur steht,
bietet keine sichere Entscheidung.[4] Am nächsten zu jenem
thanen steht die noch weitergegangene Schwächung des dem
Relativpronomen beigefügten *thár* (S. 11) zu *der* 147, 3. 154, 1.
167, 4 und *the* 104, 3. 135, 27. 138, 3. 143, 2. 179, 1, *de*,
welches letztere sich (224, 4) 242, 4 in *ð*', ausserdem aber
noch 53 mal in *ᵹ* findet. Ein *thiuda* 135, 1 und seltsames
thiudu 170, 5 stehn vereinzelt da. Es scheint übrigens bei
diesem Worte vermittelt durch die Form *ther*, *der* eine Ver-
mischung mit dem Artikel resp. dem Relativpronomen einge-
treten zu sein: daher die in *αβα*' nicht seltene Form *thie*

---

1) Ob unter dem auf Rasur stehenden -*e* von *gote* 104, 5 ein -*a* oder
etwas anderes gestanden hat, ist zweifelhaft.
2) Daneben steht *durreró* mit *er* auf Rasur; vgl. S. 38, Anm. 3.
3) Graff V, 50 belegt *thanen* erst aus den in Diut. III, 119 ff. abge-
druckten Homilienbruchstücken des XI./XII. Jahrhunderts.
4) *Scultrá* 96, 2 wage ich nicht herbeizuziehen.

(13, 16 (2). 32, 3. 75, 2. 119, 11. 12. 120, 5. 129, 5) gleich-
lautend mit der von diesen Schreibern bevorzugten niederdeut-
schen Gestalt des Artikels. Der Corrector änderte öfter (25, 6.
26, 3. 4. 42, 1. 44, 25. 26. 82, 7 (2) etc.) diess *thie* wie das
des Artikels zunächst in *ther* um, tilgte aber dann bei genaue-
rer Betrachtung selbst das von ihm eingefügte *-r* wieder. An
ein indeclinabeles Relativpronomen — alts. ags. *the* oder beab-
sichtigten Gebrauch eines relativen *thie* ist natürlich nicht zu
denken (vgl. z. B. noch *thes ther thie mih santa* 82, 7 u. dgl.).
Das in der Verbindung *manage* (*-ege*), *menigi* 22, 3. 46, 1.
100, 1 vorkommende *manege* halte ich weniger für eine Schwä-
chung des Femininums *managó*, *-d* (7, 9. 70, 2 etc.), als für
das nach dem Sinne gesetzte Masculinum.

Ein Schwanken zwischen *d* und *a* zeigen die nomina agen-
tis auf *-ari*, *-dri* und in Analogie damit *altdri* und *karkdri*;
-ari erscheint dann in allen Casus mit umgelautetem *-a*; die
Verhältnisse sind folgende:

	α	β	γ	δ	α'	ε	β'	ζ	δ'
dri	3	27	3	5	6	—	—	—	—
eri	—	—	10	1	—	—	—	34	3

Beispiele sind: α: *altdres* 2, 4; *lérdrin* 12, 4; β: *melddri* 22, 6;
altdre 27, 1; *carcdri* 21, 2 (2). 79, 1. 7; *lihhizdri* 33, 2. 34,
1 etc.; *scribdri* 43, 4. 69, 2 etc.; *rihtdri* 55, 14; *buohhdri* 51,
5 etc.; γ: *buochdrin* 90, 4; *césaldri* 91, 1; *uuizzindrin* 99, 5;
δ: *betaldri* 107, 1; *buochdrd* 117, 4; *nótnumftdrd* 118, 2 etc.; α':
lihhizdrd 126, 2; *buochdrd* 120, 1; *-ó* 127, 5; *-in* 128, 1 etc.;
für *-eri*: γ: *betere* 87, 5; *buocheri* 91, 4. 6; *karkeri* 99, 3;
lihhazerd 89, 5; *asneri* 97, 3. 5 etc.; δ: *biboteri* 111, 1; δ':
bihalteri 215, 4 (2); ζ: *intlihere* 138, 9; *scriberi* 141, 1. 10 etc.;
lichezerd 141, 11 etc.; *karkeri* 152, 3 etc.; *alteri* 141, 15 etc.;
zweimal gebraucht ζ die assimilierte Form *-iri* in *bigengiri*
132, 18. 161, 1. Dass das *-a-* in αβ etc., lang gewesen,
nicht etwa kurzes unumgelautetes *a*, sei, beweist der Umstand,
dass es bei αβ niemals in *e* ausweicht.

In der Flexion ist *-d* regelrechte Endung des gen. sg. der
starken Feminina auf *-a*; doch beginnt bereits das Eindringen
eines *-u* z. B. in *goumu* 125, 2 u. s. w. statt *goumd*; die Bei-
spiele sind bereits von Dietrich hist. decl. p. 24 gesammelt. Im
gen. sg. f. der Adjectivdeclination ist *-erd* noch oft belegt, z. B.
iuuard 13, 14. 18; *sinerd* 106, 5. 152, 1; *therrd* 108, 4. 138, 4;
ird 2, 1. 8, aber es überwiegt schon bedeutend verdumpftes
-ero, z. B. *minero* 4, 8 etc.; *thinero* 4, 3; *allero* 15, 6. 38, 4;
iro 87, 7. 112, 2. 116, 2 u. s. w. *-eru* für den Genitiv scheint
sich nur in δζ zu finden, z. B. *iru* 118, 1; *sineru* 86, 1. 90, 5
(auf Rasur). 135, 1. 136, 1; *thineru* 145, 1; *alleru* 146 u. s. w.

Andererseits beginnt auch das genitivische -*erá* in den Dativ einzudringen, aber wieder nur bei den jüngeren Schreibern, z. B. *mínerá* 106, 3. 112, 2; *therrá* 105, 3. 106, 6; 168; *allerá* 242, 2; in ζ ist für den Dativ -*eru* am gewöhnlichsten, selten ist -*erá*; dagegen steht -*ero*, welches bei den ältern Schreibern wie αβγ über -*eru* die Oberhand hat, nicht in ζ.[1]

Das *d* bekommt einen ziemlich bedeutenden Zuwachs, indem es in der Flexion für *é* und *ó* eintritt. Die erste Vertretung, *d* für *é*, ist zwar den meisten Schreibern nicht fremd, vgl. *unahhánté* 6, 1; *habánté* 22, 2; *uuonánne* 114, 1; *unserá* 4, 18. 82, 5; *thíná* 30, 1; *sid* 136, 1; *sind* 168, 2, kommt aber in grösserer Menge ebenso wie das unorganische *a* für *e* nur in γ vor; ihre Stelle hat sie im nom. acc. pl. m. (seltener im nom. sg. m. und dat. pl.) der starken Adjectiva und in den Verbis auf -*én*, einmal auch in *githuahán* 84, 4 in der 3. pl. conj. eines starken Verbums; Beispiele sind *hinuará* 82, 11; *unsará* 87, 5; *zuuéná* 87, 9 etc., mit Correctur in -*é bisuuichand* 84, 7. 8; *ubild* 84, 9; *sind* 86, 1 etc.; *toubá* 86, 2; *stummá* 86, 2; *sulíchá* 87, 5; *follá* 89, 5; *gitruobtá* 93, 1. 99, 4; *mittá* 94, 2; *giuuentitá* 94, 2; *suntígá* 101, 2; *uollá* 89, 3; *leobár* 91, 3; *sinán* 89, 1;[2] von Verbis *frágáta* 84, 8; *sagáta* 87, 7 etc.; -*ín* 86, 2; *sagántes* 87, 9; *uuonáta* 87, 9; -*i* 87, 9; *uuonánti* 88, 12. 89, 1; *fastánté* 89, 1; *scamátun* 103, 5 u. s. w.; mit Correctur in -*é*- *sagánt* 88, 12 etc.; *frágáta* 90, 1 etc. (4); *habáta* 97, 2. 99, 2; *habá!* 99, 2. 3 u. s. w. Sehr auffällig erscheint *frágutun* 88, 4. 91, 4, welches fast für Annahme der sonst ziemlich unwahrscheinlichen Kürze des *a* zu sprechen scheinen könnte. Aber da 94. 1 *suuigétun* aus *suuigótun* gebessert scheint, so ist es immerhin möglich bei der Abneigung von γ gegen das -*é*[3] ein **frágón* anzusetzen, dessen *ó* wie in *goumúmés* etc. (S. 46) zu *á* verdumpft wurde.

-*á* für -*ó* im nom. pl. f. der starken Adjectivdeclination findet sich nicht gerade selten bei allen Schreibern, z. B. in *unsará* 34, 6; *managá* 50, 3. 53, 3; *iuuará* 100, 4. 121, 4; *iuuuerá* 145, 7; *sind* 96, 2. 128, 9; *mind* 105, 2. 135, 20; *allá* 145, 13. 232, 2 u. s. w.; bei Verbis auf -*ón* ist dagegen der Gebrauch von -*á*- bis auf das eine *betoldta* 132, 5 auf γ δ eingeschränkt: *gihalátero* 90, 5; *gioffondta* 90, 2; *gisamondté* 98, 3; *uuntráton*

---

1) Das -*ero* im gen. dat. mit -*ó* anzusetzen, weil sich -*u* vorzüglich erst in den jüngern Schreibern findet, ist doch wol für die Zeit des Tatian nicht mehr angemessen.

2) Ausserdem steht in ähnlichen Formen das -*é* noch etwa 12 mal auf Rasur.

3) Vgl. den Uebertritt von Verbis auf -*én* in solche auf -*jan*: *habu* 87, 5; *sagu* 88, 10 und *éru* 131, 22 in ε, und die Composita mit -*frágón*, Graff III, 816.

104, 4. Erhaltung des alten *d* in der 2. sg. praet. schwacher Verba, die gewöhnlich zu -*ds* geworden ist, kennt *ðð'* noch in 5 Beispielen: *gigarauuitás* 105, 3; *gizunftigótdstil* 109, 3; *thuruhfremitdstil* 117, 4; *uuoltás* 238, 4; *giloubtás* 233, 8; in guter Analogie hierzu stehn in *ð'* auch Formen wie *samasá* 217, 3 (2). 4. 223, 5; *sósá* 217, 6.[1]

Kurzes *i* ist in den Endungen des gen. sg. m. und n. der starken und des gen. dat. sg. m. der schwachen Declination abgesehn von dem ganz isolierten *gibetis* 141, 12 stets zu *e* geschwächt. Ausnahmsweise tritt *e* auch in dem Comparativsuffix -*iro* ein, in *β* bei *furldzanerá* 65, 3 neben *furldzanór* 65, 5, öfter in *γðζð'* z. B. *altero* 97, 6; *jungeron* 90, 1. 91, 3. 104, 3; -*óno* 82, 12; -*ón* 108, 1; *uuirseren* 88, 5; -*ero* 215, 3; *uuíseron* 108, 4; *managerún* 104, 9; *heuígerún* 141, 17; im Superlativ nur in *uuinestrún* 112, 2. Diess geschwächte *e* erleidet vor folgendem *o* bei *γðð'* in *jungero*[2] ausser an den angegebenen Stellen stets Assimilation, also *jungoro* 97, 1 etc. (8); -*on* 82, 11ª. 84 etc. (39); -*óno* 230, 2. 234, 1; -*ón* 84, 1. 89, 1 etc. (14); im übrigen herscht -*iro*. Auf die Schreibung *jungorun* 116, 3 und das vom Schreiber selbst verbesserte *jungoren* 219, 2 hin wird man gegenüber dem auch in *γðð'* stets auf -*isto* ausgehnden Superlativ (z. B. 94, 3. 106, 6. 109, 2. 215, 3 etc.) bei diesem Worte schwerlich einen Comparativ *jungóro* ansetzen dürfen.[3] —

Langes *i* ist bisweilen aus älterem *é* hervorgegangen, vor folgendem Consonant in *si-nu* 106, 5. 110, 1. 114, 1. 2. 115, 1. 116, 3. 217, 1 (sämtlich in *ðð'*) neben *sé-nu*, vgl. got. *sái*, öfter vor -*o* in *siolíhheru* 21, 11 neben *séo*, got. *sáiv-s*, *snío* 217, 3 neben *snéo*, got. *sndiv-s*, und in der Partikel *io* für *éo*, vgl. got. *div*. Die letzteren Fälle stehn offenbar unter dem Einfluss des Diphthongen *io*, *éo*, und es kann daher fraglich bleiben, ob die Reihenfolge der Abschwächung bis zu dem später diphthongischen *io* (*nio* etc.) *éo*, *éo*, *io* oder *éo*, *io*, *io* war.

e, *é*. Kurzes *e* entspringt nur aus *a* oder *i* und ist demnach unter diesen Lauten (S. 29. 35 ff. 44) besprochen worden. Ueber die graphische Bezeichnung der *e* ist noch nachzutragen, dass für *ë* einzeln in *βð* und sehr häufig in *ðð'* *œ*, in letzterem auch *ę* geschrieben wird: *quædent* 23, 4; *quædét* 142, 2; *quæde* 145, 17; *uuidarquædan* 145, 8; in *ðð'* *quædan* etc. (20); *quærman* 217, 6 etc. (3); *prædigón* 232, 2. 242, 2;

---

1) *samasó* 108, 1. 109, 1 in *ð* hat das *o* auf Rasur.
2) In *γðð'* findet sich *jungiron* überhaupt nur 89, 2. Sehr auffallend steht 56, 2 *jungorón* auf Rasur, denn *ζ* konnt sonst auch nur -*iro*.
3) Etwas anderes ist es, wenn *ðð'* meist und *ζ* stets im Gegensatz zu *αβα'γ hérósto* setzen, dessen *ó* durch *hérósten* 153, 3. 186, 11 und andere Formen ausserhalb des T. gesichert ist. Graff IV, 988.

quędan 105, 2. 106, 2. 109, 2 etc. (12); *quęman* 107, 3. 110, 4 etc. (6). Mitunter findet sich ę, œ auch für umgelautetes *e*, z. B. *qiquęlit* 107, 3, für geschwächtes -*e* wie in *reuœ* 100, 6; *thannœ* 106, 3; *disgœ* 107, 1; *ríchœ* 112, 2; *gotauuebbę* 107, 1, und für *é* in *beidœ* 84, 7; *heilœ* 205, 3; *salomœ* 216, 2; *zachę* 114, 1; *lazzę* 227, 1. — Ueber *é* für *ei* s. S. 47, für *ie* S. 48.

u wird, soweit es nicht schon durch Brechung in *o* übergegangen ist, noch ferner beschränkt durch das Eindringen des leichtern *o* in die Endungen. Am ungeschütztesten ist auslautendes -*u* in der Dativendung -*emu*, die im T. bereits vollständig ihr -*u* gegen -*o* vertauscht hat. Dagegen besteht das -*u* der 1. sg. praes. ind. noch in voller Integrität fort,[1] nicht minder im nom. acc. pl. der Neutra auf -*i* (S. 25), im nom. sg. f. und nom. acc. pl. n. der stark flectierten Adjectiva (das Nähere s. unter -*iu*) und im Instrumentalis, der sich für das Substantiv ausser den §. 36 angeführten Formen noch durch *uuazaru* 45, 5; *scazzu* 44, 20; *discu* 85, 4; *sueizduohu* 135, 26; *sabanu* 185, 12; *stricu* 193, 3; *speru* 211, 4, fürs Adjectivum durch *mihhilu* 53, 10. 87, 9; *luzilu* 188, 4; *uuizzu* (*giuudtu*) 196, 7, fürs Pronomen endlich durch *thiu* (als Artikel in *mit thiu bettu* 54, 3, häufiger in den adverbialischen *bi thiu*, *inthiu*, *mit thiu* u. s. w.) etc. belegen lässt; ein einziges Mal findet sich ein Instr. auf -*o* (*mihhilo mér* 44, 16) von erster Hand, einmal auch (*mihhilo* 87, 9) aus -*u* corrigiert. Dieser letztere Umstand macht es mir bedenklich, für den T. in seiner überlieferten Gestalt als Instrumentalendung noch -*u* anzusetzen, obwol dieser Casus die Erhaltung des -*u* gewis der ursprünglichen Länge verdankt. — Länger erhielt sich das durch auslautenden Nasal geschützte *u* in den Pluralformen des Praeteritums, die erst einen geringen Ansatz zu Schwächung zeigen: *quáddon* 104, 1; *suohton* 104, 3; *erfuoron* 137, 4; *gisáhomés* 95, 1; *uueritomés* 95, 1. Das Hauptgebiet der Schwächung von *u* in *o* bilden die datt. pl. m. und n. der *a*- und *u*-Declination.[2] Die volle Form -*um* besteht im T. nur noch in *tuochum* 5, 13; 6, 2; die aus dieser durch Schwächung des auslautenden -*m* entstandene Form -*un* ist die gewöhnliche für αβγα'; freilich sind von den 53 -*un*, die ich in diesen Partieen gezählt habe, 39 in -*on* corrigiert worden,[3] so dass z. B. für ganz β nur 5 -*un* (*knevvun* 19, 8; *skeffun* 19, 9; *fuozun* 39, 7. 63, 2; *thornun* 41, 3) von zusammen 42 übrig blieben. Doch fehlt es diesen Schreibern auch nicht an ursprüng-

---

lichen -*on*, z. B. *tagon* 2, 11. 4, 1. 56, 6; *mannon* 2, 11. 25, 3.
32, 6; *himilon* 22, 17. 25, 3; *hunton* 39, 7; *scdfon* 44, 3; *han-
ton* 68, 1. 78, 6; *scalcon* 99, 1 u. s. w. δ δ' ζ aber kennen nur
-*on*, im Ganzen etwa 72. Da auch an den Stellen, wo ζ in
andern Teilen, die sonst -*un* haben, grössere Correcturen ge-
macht hat, wie *kindon* 40, 7; *engilon* 44, 21; *uuorton* 62, 12 (2);
cneuuon 92, 2 etc., stets -*on* erscheint, so unterliegt es keinem
Zweifel, dass von seiner Hand jene zahlreichen Veränderungen
herrühren. Noch weiter gegangen ist die Schwächung im nom.
acc. pl. der schwachen Masculina, die überhaupt -*un* nur noch
in *firnfollun* 13, 17. 32, 4. 64, 8; *furirun* 38, 2; *tótun* 51, 3
(sämtlich auf die angegebene Weise in -*on* corrigiert) und *jun-
gorun* 116, 3; *hóhóstun* 225, 2 aufweisen.

Für *ú* scheinen α β γ α' eine besondere Vorliebe gehabt zu
haben, da sie es einerseits mit wenigen Ausnahmen da, wo es
gemeinalthochdeutsch ist, bewahren (z. B. in den obliquen Casus
der schwachen Feminina und Neutra), andererseits es für *ó* ein-
treten lassen. Vereinzelt findet sich diess *ú* in *mánúde* 3, 1;
ahtú 7, 1; *ahtúzehen* 103, 1; *ahtúzug* 7, 9 [1] neben *ahtó* 233,
4 u. s. w.; bei Verbis auf -*ón* in *satúmés* 89, 1 neben *gisatón*
22, 11. 89, 3 etc., *goumúmés* 97, 5 neben *goumón* 97, 5. 8 etc.,
öfter schon in der 2. sg. ind. des schwachen Praeteritums: *gi-
loubtús* 2, 9. 47, 8; *giantvirurtitús* 7, 6; *sagétús* 20, 4; *fluohhótús*
121, 2; *zuchótús* 81, 4; *antlingitús* 128, 5. In viel grösserer
Ausdehnung aber ist älteres -*ón* [2] im dat. pl. der starken femini-
nen *ô* - Stämme und der ganzen schwachen Declination durch -*ún*
verdrängt, welches bei Substantiven 27 mal gegen 15 -*ón*, bei
Adjectiven 11 mal gegen 19 -*ón* begegnet; davon sind 18 Sub-
stantiva und sämtliche Adjectiva in -*ón* corrigiert. Beispiele:
α *órún* 4, 4; *herzún* 7, 8; *fastún* 7, 9; *marcún* 10, 1; β *uúzagún*
17, 2; *órún* 18, 4. 74, 6 (2); *samanungún* 22, 1. 44, 12. 78, 2;
thiotún 44, 12. 69, 9; *ketinún* 53, 4 (2); *uuolún* 64, 5; *sélún*
67, 9; *forhtún* 81, 2; γ *leffurún* 84, 5; *brosnún* 85, 4; *marcún*
86, 1; *huorún* 97, 7; *stuntún* 98, 4; α' *ougún* 124, 5; *vvuntún*
128, 7; ε *suntún* 131, 20; Adjective: β *minnistún* 25, 6. 44, 27;
altún 26, 1. 28, 1. 30, 1; *firnfollún* 56, 3 (2); *érirún* 57, 8 und
α' 124, 3. Ein einmaliges *turún* findet sich auch in δ 107, 1;
sonst kennen δ ζ δ' nur -*ón*, im Ganzen etwa 55 mal. Dafür
lässt ζ einige Male im gen. pl. der schwachen Feminina -*úno*
(*natrúno* 141, 28; *figilno* 146, 1; *óstrilno* 157, 1) und einmal
-*únu* in *óstrúnu* 155, 1 eintreten. Wenn *heithaftón* sacerdotum

---

1) Allerdings auch *ahtuden* 4, 1 = got. *ahtuda*, was die Länge zweifel-
haft machen könnte. Uebrigens sind hier wieder alle *u* bis auf *ahtúzug* und
zuchótús in *o* corrigiert. Vgl. S. 43.
2) Die einzige ganz volle Form ist *hóhistóm* 6, 3.

137, 4 und *ér sehs tagon óstrón* ante sex dies paschae 137, 1
nicht bloss fehlerhaft überliefert sind, so scheint die Kürze des
auslautenden -*o* im schwachen gen. pl. für T. nicht zu bezwei-
feln zu sein. Ein geringer Ansatz zur Schwächung von -*ún* zu -*on* gibt
sich in *óstron* 135, 33. 157, 3 als nom. acc. pl. und in den
Sprachennamen *in ebréiscon* 88, 1; *ebréisgon* 198, 2; *ebráisgon*
204, 2; *in latínisgon* 204, 2; *in criehisgon* 204, 2 zu erkennen.
Diphthonge. — *ei*, der gewöhnliche Vertreter des goti-
schen und ältesten althochdeutschen *ai*, das im T. nirgends
mehr vorkommt, weicht selten in *é* aus, das aber keineswegs nie-
derdeutsch zu sein braucht: *gihézzan* 7, 4; *uuést* 119, 4; *éning*
129, 9; *giuuégit* 85, 2; *biuéhnóta* 114, 2; *hélant* 237, 2 und 82,
2, wo ein *i* über das *e* geschrieben ist.

Aehnlich findet sich für *ou* zweimal *ó* in *gilóbtun* 131, 12
und *brútlófti* 125, 11; öfter ist die ältere Form *au* erhalten,
besonders in *araugta* 2, 4. 5, 8. 6, 4. 8, 4. 9, 1. 15, 5 (*α*), dann
in *taugle* 104, 1 und *hau* 102, 2. Ueber *ouu* und *ouuu* vgl.
S. 24. Irrtümlich wird für *ou* mitunter *uo* geschrieben: *guo-*
móta 107, 1; *arluobit* 110, 1; *gituofit* 112, 2 (2; *δ*) und umge-
kehrt *bouhhárá* 54, 5; *souhtun* 101, 2. *uo* in *tuorón* 213, 2
für *turón* und *voba* 82, 11* für *oba* ist Schreibfehler.

Alemannisches *ua* für *uo* steht unzweifelhaft nur in *tuanti*
88, 6; doch scheint auch *tuon* 90, 5 aus *tuan* corrigiert zu sein;
vielleicht sind auch *ruorta* 86, 1; *aruuor* 88, 4; *huor* 84, 9, in
denen *ua(r)* auf Rasur steht, für *ruarta* u. s. w. eingesetzt wor-
den. In Beziehung auf *tuon* mit -*on* auf Rasur kann man zwi-
schen *tuan* (vgl. *tuanti* 88, 6) und *tuoan* (vgl. *tuoa* 98, 1; *tuoc*
102, 2 und *tuon* 91, 1, wo nur das *n* vom Corrector geschrie-
ben ist) schwanken. — Wegen *io* für *uo* s. S. 29.

iu ist stets alter Diphthong, nicht Umlaut von *ú*. Bisweilen
wird *iu* nach mitteldeutscher Art in *ú* zusammengezogen, vgl.
scúhenti 13, 25; *túridu* 90, 6; *gistrúnis* 98, 1 (das *i* ist über-
geschrieben; auch *di* in *diurida* 88, 13 scheint für *t* zu stehn;
man wird darnach wol hier und in *tiurida* 104, 5 (2; vom
ersten *i* an auf Rasur); *diurida* 88, 13 (*diu-* auf Rasur) und
tiurisóta 103, 2 (*tiur-* auf Rasur), *túrida*, *túrisóta* herstellen
dürfen. *ui* für *iu* hat T. nur in *fuir* 13, 15. 23. 24. 28, 2. 3.
41, 7. 95, 5. 152, 6. 167, 5 neben *fiur* 26, 4. 76, 4. 5 etc.
Im nom. sg. f. und nom. acc. pl. n. der starken Adjectiva wech-
selt die Endung -*iu* dergestalt mit -*u*, dass die ältern Schrei-
ber -*u*, die jüngern -*iu* bevorzugen:

	α	β	γ	δ	α′	ε	β′	ζ	δ′
u	21	71	22	9	17	2	4	80	1
iu	5	12	21	21	—	—	—	42	26,

z. B. *beidu* 2, 2 etc.; *allu* 4, 6 etc.; *guotu* 25, 3 etc.; *mihhilu*

36, 4 etc.; *niuvu* 77, 5; *ódu* 181, 2; *manigu* 84, 4; *thisu* 223, 1 u. s. w. — *alliu* 1, 2. 78, 3 etc.; *rehtiu* 2, 2; *quedentiu* 6, 3; *lobóntiu* 6, 3; *alliu* 77, 5; *thisiu* 81, 3 etc. u. s. w. — Vgl. noch S. 24 über *iuu* und *iuuu.*

io entsteht durch Brechung von *iu* (S. 46) oder durch Schwächung von *éo* (S. 44), endlich durch Vocalisierung eines auslautenden -*w* in *hio* 53, 5. 185, 2. 188, 4. Ueber *ëo* vgl. S. 30, über *io* im reduplicierenden Praet. s. *ie.*

ie erscheint abgesehn von einzelnen Wörtern wie *fiebar* 48, 1. 2. 55, 7; *fierualt* 114, 2 neben *fior* 7, 9 etc. hauptsächlich im Praeteritum der reduplicierenden Verba: *fiel* 19, 8 etc.; *hielt* 79, 3 etc.; *gispien* 100, 3; *bliesun* 43, 1. 2; *liez* 14, 2 etc.; *intriet* 122, 1; *hiez* 5, 12 etc.; *hieuun* 116, 4. Die Verba mit Stammvocal *ou* und *uo* haben dagegen, abgesehn von diesem *hieuun,* sonst nur *io,* *ëo*: *liof* 53, 6. 135, 11 etc.; *uuiof* 10, 3. 64, 12. 116, 5. 188, 6; *riof* 4, 3 etc.; *rëof* 85, 2. 104, 6. 115, 1 (2). 116, 4. 5. In *γ* wurde *ie* ziemlich oft in *é* contrahiert, wenn man nach *géng* 97, 7. 99, 3 für zahlreiche Correcturen wie *gieng* 83, 1. 88, 3. 5. 91, 3. 92, 2. 4. 6. 97, 2. 98, 4. 101, 1. 2.; *giengun* 85, 3. 87, 2. 7. 8. 92, 8; *uorliez* 87, 7. 89, 4. 99, 3; *gifiel* 102, 1; *mieta* 87, 8, in denen zum Teil die Rasur sich nur auf den Raum von *ie* erstreckt, [1] überall ein *é* annehmen darf. *Thénón* 97, 7 mit übergeschriebenem *o* kann Schreibfehler sein oder für ein zwar sonst im T. nicht belegbares [2] aber neben *néman* 87, 8; *néuuiht* 92, 8 für *nio*-, *nie*- nicht unmögliches *thienón stehn.

Alle übrigen Einzelheiten besonders der Flexion, die sich nicht wol unter allgemeinere Gesichtspunkte bringen liessen und deren vollständige Aufführung den Umfang dieser Einleitung zu sehr vergrössert hätten, sind im Glossar berücksichtigt. —

Dass von den beiden Handschriften keine, am wenigsten *B,* Original sein kann, ist bereits bemerkt worden, ebenso dass das Original etwa um 830 in Fulda entstanden sein wird. Wer aber war der Verfasser unseres Denkmals oder gieng dasselbe aus der Hand mehrerer gemeinschaftlich arbeitender Genossen hervor? Ein directes Zeugnis für die Verfasserschaft eines Einzigen und über dessen Person liegt nicht vor: aber auch die zweite Frage wird man bei der Hinfälligkeit der einzigen möglicherweise auf den T. zu beziehenden Nachricht [3] nur auf innere Gründe hin vermutungsweise beantworten können.

---

1) 87, 8. 92, 4 etc. ist der Raum für *ie* so klein, dass nur ein Buchstabe darunter gestanden haben kann.

2) *thienóta* 7, 2 bei Schmeller ist Druckfehler. — Vgl. Weinhold B. G. § 46. A. G. § 37.

3) Des Flacius Illyricus in dem Briefe vor seiner Ausgabe des Otfrid, Basel 1571: 'Tempore Caroli Magni tres docti viri, **Strabo Hrabanus**

Nach Entfernung der durch die verschiedenen Schreiber
eingetragenen Unregelmässigkeiten der Schreibung u. s. w. be-
kommen wir auf den ersten Blick unleugbar ein recht einheit-
liches Werk, sowol in Beziehung auf die sprachlichen Formen
als auf Wortgebrauch und Syntax. Aber diess einheitliche
Gewand bei einer sich der lateinischen Vorlage ziemlich treu
anschliessenden Uebersetzung, die unter der stetigen Einwir-
kung der Schule Hrabans entstand, nötigt nicht unbedingt zur
Annahme nur e i n e s Verfassers. Auch dem Durchstehn ein-
zelner sonst seltener Wörter durch die ganze Harmonie möchte
ich für Entscheidung dieser Frage nicht zuviel Gewicht bei-
legen. [1] Andererseits aber ergeben sich bei genauerer Betrach-
tung doch eine Reihe von Differenzen, die nicht der Willkür
e i n e s Uebersetzers oder gar der spätern Abschreiber zuge-
schrieben werden können. Allerdings ist es mir nicht gelungen,
vollständig genaue Scheidungen durchzuführen, doch will ich,
ohne damit einer eingehndern Untersuchung vorzugreifen, bei
der Wichtigkeit dieses Punktes einige der am meisten in die
Augen fallenden Verschiedenheiten tabellarisch mitteilen, so
zwar, dass ich durch *cursive* Ziffern die Anzahl der in jedem
Abschnitt vorkommenden Belegstellen eines Wortes angebe,
während die links und rechts daneben stehnden Citate je die
erste und letzte Belegstelle des Wortes in dem betreffenden
Abschnitt anzeigen.

1. Zur Wiedergabe der lateinischen Conjunctionen *quia*,
quoniam, *quod* in allen Bedeutungen dienen *uuanta*, *bithiu*,
bithiu uuanta und in beschränkter Anwendung, wo diese Con-
junctionen einen acc. c. inf. vertreten, auch *thaz*, letzteres ziem-
lich gleichmässig durch das ganze Buch hindurch. Die übrigen
stehn in folgendem Verhältnis:

	Cap. 1 — 17			18 — 66			67 — 103		
uuanta . . .	2, 5	*16*	14, 6	18, 5	*37*	65, 4	67, 7	*47*	102,1
bithiu		—		19, 8	*3*	65, 2	67, 13	*21*	101,2
bithiu uuanta . .	2, 2	*15*	17, 6	23, 2	*6*	65, 1	—		

et H a i m o idem sacrum volumen in vulgarem linguam convertisse l e g u n -
t u r, quorum tamen opus tam cito interiisse valde dolendum est.' (Vergl.
W Wackernagel, Gesch. d. deutsch. Litt. S. 68.) Die auf p. 343 in *G*
befindliche Federprobe *Aymo* hat gewis mit dem von Flacius genannten Haimo
von Halberstadt nichts zu tun.

1) Ein grosser Teil dieser Wörter, die unvollständig von J. Grimm,
G. D. S. I, 548* gesammelt sind, zeigt viel Verwantschaft mit alt - und
angelsächsischem Sprachgut. Sie kamen offenbar durch den Einfluss der
angelsächsischen Mission und Gelehrsamkeit in Gebrauch, und so kann ihre
Anwendung bei mehreren Schülern derselben Schule nichts Auffallendes haben.

4

	Cap. 109 — 118			119 — 244		
uuanta	106, 4	*16*	118, 1	119, 1	*113*	241, 2
bithiu	104, 9	*6*	118, 2	132, 9	*12*	232, 2
bithiu uuanta . .	104, 2	*18*	118, 3	122, 1	*23*	233, 8

Hierbei ist der Umstand sehr auffallend, dass der Abschnitt Cap. 104—118 gerade mit der Partie des Schreibers *δ* zusammenfällt; aber diess kann auf einem Zufall beruhen; gegen den vorhergehnden Abschnitt wird die Grenze durch das gleich in Cap. 104 fünfmal vorkommende *bithiu uuanta* vollkommen festgestellt; nicht so entschieden ist der Gegensatz zum folgenden Abschnitt ausgesprochen. Der gröste Unterschied waltet, wie leicht ersichtlich, zwischen dem ersten Abschnitt, der gar kein *bithiu*, und dem dritten, der kein *bithiu uuanta* kennt. Die Partie des Schreibers *α'* stimmt zwar im Mangel des *bithiu* zu der von *α*, weicht aber doch durch die unverhältnismässig geringe Anzahl der *bithiu uuanta* (2 *α'* : 14 *α*) von dieser ab.

2. Das temporale *cum* wird durch *mit thiu*, *thanne*, *sô* (*sôsô*) und *thô* (*thô the*) übersetzt. Auch hier ergeben dieselben Abschnitte wie vorher eine namhafte Verschiedenheit in der Anwendung der einzelnen Partikeln:

	Cap. 1 — 17			18 — 66			67 — 103		
mit thiu	2, 3	*8*	17, 5	18, 3	*33*	66, 1	68, 1	*27*	103, 2
thanne	8, 4	*1*		34, 1	*7*	57, 6	97, 6	*1*	
sô	4, 2	*1*			—		79, 4	*13*	82, 3
thô	3, 3	*5*	14, 3	46, 1	*2*	54, 6	70, 2	*8*	103, 5

	Cap. 104 — 118			119 — 244		
mit thiu	104, 3	*19*	118, 4	121, 2	*89*	244, 2
thanne	104, 7	*9*	116, 3	119, 2	*13*	174, 5
sô		—			—	
thô	109, 2	*2*	109, 2	121, 2	*12*	212, 1

Nicht zu verkennen ist hier die starke Anhäufung der *sô* und *thô* im dritten und der *thanne* im vierten und fünften Abschnitt. Vielleicht berechtigt uns das Vorkommen des letztern Wortes auch nach Cap. 174 einen weitern Einschnitt zu machen.

3. Das part. *dicens* ist im T. entweder durch einfaches *quedenti* oder durch *sus quedenti* wiedergegeben. Anfangs herscht durchaus das letztere vor, dann beginnt ein Schwanken und endlich verschwindet das *sus* fast ganz. Man könnte diese Erscheinung sehr wol mit der Annahme eines Verfassers vereinigen, wenn nicht wiederum die bisher angenommenen Ein-

schnitte zugleich für die Wahl des einen oder andern Ausdrucks massgebend wären:

	Cap. 1 — 17	18 — 66	67 — 103
sus quedenti . . .	4, 12 *15* 14, 6	38, 6 *14* 59, 3	67, 3 *20* 101, 2
quedenti	—	—	76, 4 *10* 99, 2

	Cap. 104 — 118	119 — 244
sus quedenti . . .	105, 2 7 116, 6	122, 2 *25* 229, 2
quedenti	104, 8 5 111, 1	128, 1 *35* 242, 1

Innerhalb des letzten Abschnittes 119 — 244 sind aber noch mehrere Abstufungen erkennbar. Von den 25 *sus quedenti* stehn 18 vor 146, so dass sich für den folgenden Teil ein Verhältnis von 7 *sus quedenti* : 31 *quedenti* ergibt. Ueberdiess tritt gerade Cap. 145 als ein Grenzpunkt kleiner orthographischer Abweichungen mehrfach hervor, die somit dem Originale selbst anheimfielen. Aber auch bei dieser Scheidung können wir noch nicht stehn bleiben. Auch der bisher an zweiter Stelle angeführte Abschnitt scheint sich noch in zwei etwa durch Cap. 44 geschiedene Teile zerlegen zu lassen. Diess lehrt die Wiedergabe von

4. *autem*, das abgesehn von sporadischen Uebersetzungen durch *uuârlihho* und *giuuesso* entweder unübertragen gelassen oder mit *thô* gegeben wird:

	Cap. 1 — 17	18 — 44	45 — 66	
thô	2, 3 *19* 16, 2	18, 4 *3* 44, 1	49, 5 *14* 64, 4	etc.
[*autem*] . .	4, 1 *8* 17, 1	19, 1 *21* 44, 29	45, 4 *15* 64,10	

Die starken Adversativpartikeln werden meist durch *úzouh* und *ouh* übertragen; die Art, wie die einzelnen Teile des T. zwischen diesen beiden schwanken, bestätigt wieder die vorgenommene Einteilung:

	Cap. 1 — 17	18 — 44	45 — 66
úzouh	7, 9 *4* 15, 3	21, 5 *9* 44, 13	—
ouh	13, 6 *1*	42, 1 *2* 44, 19	46, 4 *13* 62, 3

	Cap. 67 — 103	104 — 118	119 — 244
úzouh	—	—	119, 8 *9* 178, 7
ouh	75, 2 *25* 102, 1	104, 3 *16* 116, 3	121, 3 *62* 239, 4

4 *

Ob man gestützt darauf, dass von den 9 letzten *úzouh* 7 zwischen 119, 8 und 132, 5 fallen, während die beiden übrigen (156, 5. 178, 7) ganz vereinzelt stehn, und darauf, dass in Cap. 119 — 134 das Verhältnis von *sus quedenti* zu einfachem *quedenti* wie 12 : 0, von 135 — 145 aber wie 6 : 3 ist, auch mit Cap. 135 den Beginn eines neuen Arbeiters annehmen darf, lasse ich dahingestellt. Wir bekünen damit eine Partie, welche am genauesten mit der zweiten, Cap. 17 — 44, zusammenstimmte, mit der sie ja auch lautlich die gröste Aehnlichkeit hat, obwol sie nicht von demselben Schreiber herrührt. Vielleicht lässt sich hierfür noch anführen, dass die Redensart *amen dico vobis* in Cap. 18 — 44 siebenmal, in Cap. 119 — 135 dreimal (Cap. 1 — 17 und 45 — 66 je einmal) durch *uuár sagén ih iu*, sonst aber stets durch *uuár quidu ih iu* übersetzt wird. Aber während sich Cap. 18 — 44 ausschliesslich des *sagén* bedienen, gebrauchen Cap. 119 — 135 bereits das im Folgenden allein noch vorkommende *quidu* fünfmal von 131, 14 an; das letzte *sagén* steht 126, 6. Sonst würde man wol zur Annahme, dass Cap. 18 — 44 und 119 — 135 von demselben Verfasser übersetzt sind, berechtigt sein. Ein anderes sonst sehr gewichtiges Beispiel schwankenden Gebrauchs liefert für diese Frage keine entscheidenden Momente, ich meine das der verschiedenen deutschen Wörter für *respondere*, nämlich *antlingón*, *antlingen* (nebst der nur dem Schreiber δδ' angehörenden Nebenform *antelengen*) und *antvvurtan*. Die beiden ersten Wörter sind fast nur im T. belegt (Graff II, 225). *Antlingón* steht 10 mal in Cap. 1 — 17, daneben noch 1 *antuurtita* 17, 6 auf Rasur, unter welchem man noch Spuren eines *l :: g* erkennt. Die beiden andern Verba wechseln wie folgt:

	Cap. 18 — 44		44 — 66		67 — 103		
antlingen	21, 5 *1*		47, 4 *6* 64, 3		68, 3 *4* 87, 3		
antvvurten	19, 6 *2* 44, 13		54, 6 *1*		80, 3 *29* 103, 4		

	Cap. 104 — 118		119 — Schluss		
antlingen	104, 5 *3* 106, 5		119, 2 *85* 236, 2		
antvvurten	104, 6 *9* 117, 5		121, 3 *8* 233, 7		

Von den 4 *antlingen* in Cap. 67 — 103 bietet das letzte 87, 3 keine vollständige Sicherheit, da es von der Hand des Correctors ζ geschrieben ist, welchem, wie die vorstehnde Uebersicht zeigt, dieses Verbum im Gegensatz zu *antvvurten* vorzugsweise geläufig war. Doch sind die drei übrigen *antlingen*, die alle vor Cap. 77 fallen, nicht zu entfernen, denn es scheint zu kühn, sie als durch den Schreiber β, der in den vorhergehnden Capiteln mehrfach *antlingen* abgeschrieben hatte, eingeführt zu betrachten. Jedesfalls aber steht in Cap. 80—103 nur das sonst seltne *antvvurten*. Cap. 119 ff., das Stück des Schreibers *a'*, stimmt auch hier wieder zu Cap. 18—44 (einem Teile von *ß*), nicht zu *a*; diess und der Umstand, dass *antlingón* sich noch etwas über *a* hinaus findet, beweist, dass der Unterschied zwischen dieser Gestalt des Verbums und *antlingen* bereits der Vorlage von *G*, vermutlich also auch schon dem Originale angehörte. Diese Andeutungen mögen hier genügen. Zu einem ganz sichern Resultate führen sie wie bemerkt nicht, und namentlich für die letzte Hälfte des Werkes sind die Anhaltspunkte ziemlich unsicher. Am meisten Bedenken gegen die hier vorgetragne Theorie erregt es, dass öfters Worte, die in einem Abschnitt nur selten, im folgenden aber häufig vorkommen, in ersterem gröstenteils nur gegen Ende zu belegt sind, wodurch ein Anschluss an das Folgende erzielt wird, der dazu auffordert, die bereits festgestellte Grenze weiter nach vorn zu verrücken. Da es sich aber in den meisten Fällen hier doch nur um ganz vereinzelte Beispiele handelt, die gegenüber den grossen Verschiedenheiten, die uns sonst begegnen, sehr verschwinden: so glaube ich doch unbedenklich annehmen zu dürfen, dass unser T. nicht von einem einzigen Uebersetzer, sondern von einer ganzen Reihe solcher, vielleicht wie zum Teil die notkerischen Werke als Schularbeit, verfertigt worden ist. Hinterher mag eine Revision und Glättung des Ganzen vorgenommen sein, ehe dasselbe zu weiterm Gebrauche veröffentlicht wurde. Als Anfangspuncte neuer Arbeiter sind etwa die Capitel 18. 45. 67. 104. 119 (135). 145 (174) zu betrachten.